별 이야기

별 이야기

인류가 매혹된 별자리

앤서니 애브니 지음

이영아 옮김

현암사

별 이야기

초판 1쇄 발행 2020년 9월 10일

지은이 | 앤서니 애브니
옮긴이 | 이영아

펴낸이 | 조미현
책임편집 | 김솔지
교정교열 | 정차임
디자인 | 정은영

펴낸곳 | (주)현암사
등록 | 1951년 12월 24일 (제10-126호)
주소 | 04029 서울시 마포구 동교로12안길 35
전화 | 02-365-5051 팩스 | 02-313-2729
전자우편 | editor@hyeonamsa.com
홈페이지 | www. hyeonamsa. com
ISBN 978-89-323-2081-6 03380

이 도서의 국립중앙도서관 출판예정도서목록(CIP)은
서지정보유통지원시스템 홈페이지(http://seoji.nl.go.kr)와
국가자료공동목록시스템(http://www.nl.go.kr/kolisnet)에서
이용하실 수 있습니다.(CIP제어번호 CIP2020034146)

하늘의 이미지를 더 넓은 청중과 공유하게 해준

콜게이트 대학교 호 통 영상관의

로버트 H. N. 호에게

차례

서문 9

들어가는 글 밤하늘의 패턴을 읽다 13

1장 다양한 얼굴을 지닌 오리온자리 19

2장 모두를 위한 플레이아데스성단 39

3장 태양의 길과 세계의 점성술 59

4장 은하수에 얽힌 수많은 전설 85

5장 암흑 성운이 만든 은하수의 검은 별자리 107

6장 곰과 사냥꾼, 북극의 별자리 127

7장 열대 지방의 길잡이 별 147

8장 하늘에 세워진 제국 165

9장 별이 박힌 천장과 거대한 별자리들 187

10장 하늘의 여자와 남자 207

에필로그 227

감사의 말 231

참고문헌 233

이미지 출처 255

일러두기

• 외래어는 국립국어원의 외래어 표기법에 따랐다.

• 괄호 안의 설명은 모두 지은이 주이며, 모든 각주는 옮긴이 주이다.

• 단행본 도서는 겹낫표(『 』), 단편이나 시는 홑낫표(「 」), 신문과 잡지는
　겹화살괄호(《 》), 그림이나 노래 등의 제목은 홑화살괄호(〈 〉)로 표시했다.

서문

스마트폰 이전에는 책이 있었고, 책 이전에는 동굴 벽이나 신전에 그려진 그림이 있었다. 그 그림들은, 지금은 사라지고 없는 옛 언어와 함께 메시지를 전달했다. 하늘 역시 오래전부터 인생의 의미에 대한 이야기를 펼치는 화폭이었다. 초기 인류는 하늘과 땅 사이의 유사성을 찾으려 애썼다. 그들이 상상한 천상의 이미지를 통해 낯선 천상과 일상적인 지상이 이어지기를 기대하며. 우리는 하늘과 접촉하면서 인간다워졌다. 그리고 상상력을 발휘해 우리가 누구인지에 대해 이야기했다.

자연계에서 하늘은 원시의 모습을 그대로 간직하고 있는 가장 완벽한 곳이다. 그래서 신들이 머물기에 이상적인 장소다. 하늘의 시간은 끝없는 주기로 굴러가면서 우리의 운명을 예고한다. 시간의 모퉁이 너머로 미래를 내다보기에 하늘보다 더 좋은 곳이 또 있을까? 도덕적인 교훈이 담긴 이야기를 만들어내는 데, 계절에 따라 조용히 왔다가 사라지며 신뢰할 만한 경로에 따라 움직이는 별들만큼 더 좋은 수단이 또 있을까? 탄생과 죽음을 예고하고, 전쟁과 번영의 시절을 상기시키며, 사랑과 모험을 기념하는 데 별자리보다 더 좋은 도구가 또 있을까?

이 책은 우주를 배경으로 한 웅장한 이야기와 문화적 다양성에 초점을 맞춘다. 고대와 현대의 많은 문화권에서 상상으로 만들어낸 별자리와 별무리를 살펴보면, 우리 인간이 어떻게 자연(기후, 환경, 위도)과 문화(수렵 채집 사회부터 제국까지)에서 영감을 얻었는지, 하늘의 패턴을 이용해 얼마나 다양한 이야기를 만들어냈는지 알 수 있다. 헤아릴 수 없이 많은 세대를 거쳐온 이 이야기들은 우리가 곱씹고 함께 나눌 우리 자신의 이야기이기도 하다.

밤하늘의 패턴을 읽다

무더운 한여름 낮, 풀밭에 누워본 적 있는가? 새파란 하늘에 두둥실 떠가는 뭉게구름을 바라보며, 달리는 자동차나 야구 글러브, 혹은 강아지 얼굴을 떠올린 적은 없는가? 우리는 땅 모양을 보면서도 같은 생각을 한다. 뉴햄프셔주의 큰바위얼굴, 영국의 빅토리아여왕 바위, 이스라엘에 있는 롯의 아내, 기니에 있는 말리의 여인 그리고 수십 명의 잠든 거인들. 심지어 우리는 화성 표면을 찍은 사진에서 흐릿한 외계인 얼굴을 찾아내기까지 한다. 우리 뇌는 패턴 인식 전문가이다. 심리학자들은 무작위적인 데이터 사이에서 통일성을 찾아내는 인간의 이런 재주를 '착시'라고 부른다. 인간의 정신은 규칙이 없는 무언가를 보면 긴장한다. 그리고 이를 해소하기 위해 낯선 패턴 속에서 친숙한 것을 찾아내려 애쓴다. 토르티야에 나타난 예수 그리스도의 얼굴이나 불길 속의 마호메트처럼 이런 환영들은 종교적인 의미를 띠는 경우가 많다.

프랑스 쇼베 동굴에 남은 3만 년 전의 벽화를 보면, 소의 조상인 뿔 달린 오로크스 두 마리가 머리를 숙인 채 어깨 근육을 불룩이고 있다. 배경에는 가지뿔 달린 짐승들이 공격을 준비하는 황소들을 지켜본다. 이 벽화를 그린 사람은 현대 화가 못지않은 섬세함으로 극적인 장면을 표현해냈다. 어느 대가족이 불을 피워놓고 책상다리를 하고 앉아 이 그림을 바라보고 있지는 않았을까. 그중한 명은 창을 들고 그림 가까이에 서 있고, 또 다른 한 명은 짐승 가죽을 몸에 걸친 채 공격 자세를 잡고 있었으리라. 사냥하는 자와 사냥당하는 자의 이 오래된 대치 상황은 집단의 생존과 자손 번식에 꼭 필요한 일이었다. 다음날 일어날 일을 기대하며 사냥 연습을 하던 것일까? 사냥에 성공하기 위해 꼭 필요한 의식이었을까? 우리로서는 알 길이 없다.

해질녘 뭉게구름이 사라지고 푸르던 하늘이 칠흑같이 캄캄해지면, 밤하늘에는 별들이 총총히 박히고 사냥을 이야기하기에 적합한 또 다른 배경막이 쇼베 동굴 입구의 바깥과 위쪽에 나타난다. 오늘날에는 인공조명 때문에 구경하기조차 힘든 별들이 캄캄한 밤하늘을 가로질러 간다. 양 떼를 돌보는 것 외에는 할 일이 별로 없던 고대 중동의 양치기들은 북두칠성은 마차를, 오리온자리는 사람을 닮았다고 생각했다. 그들에게 밤하늘은 누구나 공짜로 읽을 수 있는 생생한 이야기책이었다. 전자기기, 그림책, 심지어 화가의 손길을 기다리는 동굴 벽보다도 훨씬 일찍부터 밤하늘은 그 안에 품은 헤아릴 수 없이 많은 빛의 점들을 얼른 이어보라며 사람들을 유혹했다.

하늘의 패턴을 알아보고 이름을 붙이는 일은 점차 가벼운 소일거리를 넘어서게 된다. 그것은 종교적이거나 신화적인 의미를 지닌 이미지를 기억하고, 세상을 창조한 신들의 영광을 되새기며, 신의 후손임을 선언한 통치자의 권력을 깨닫는 수단이 되었다. 그 시작은 사제들이었을지도 모른다. 천상의 신을 경배하는 마음으로 하늘을 올려다보면서, 별들의 패턴으로 이런저런 형체를 상상하고 그것을 통해 자신의 신심을 표현하지 않았을까.

이름으로 판단컨대, 서양 문화권의 천문학자들에게 친숙한 별자리는 기원전 3,000년의 수메르 문명에서 유래한다. 기원전 7세기의 표석이나 쐐기문자 석판뿐만 아니라, 호메로스와 헤시오도스가 쓴 동시대의 그리스 서사시에도 별자리는 확실히 등장한다(이 책에서 나는 종종 역사 속의 세계 문화를 '서양'에 대비하여 설명할 것이다. '서양'이란 고대 중동의 믿음과 풍습에서 시작해 고전 그리스-로마 세계를 거쳐 전해 내려온 유럽-아메리카의 서양 문명을 의미한다. 서양 세계는 이슬람, 중세와 르네상스 시대의 유럽, 프랑스의 계몽주의를 거쳐 현대에 도달했다).

2세기 알렉산드리아의 천문학자 프톨레마이오스는 48개의 별자리를 정리했다. 그중 30여 개에는 육상 동물, 물고기, 새의 이름이 붙었는데, 뱀이나 인간과 관련된 이름이 간간이 섞여 있고, 곤충도 한 마리 끼어 있었다. 1603년, 독일의 변호사이자 지도 제작자인 요한 바이어는 최초의 남반구 하늘 지도를 만들면서 12개의 별자리를 추가했다. 1922년, 국제천문연맹은 88개의 별자리를 공식적으로 인정했다. 이들 중 망원경, 현미경, 공기펌프, 연금술 화로, 건축가의 조각칼, 삼각자 등을 묘사한 별자리들은 18세기의 계몽주의가 인류의 과학적 성취에 보내는 찬사라 할 수 있다. 성 베드로의 천국 열쇠 같은 중세 별자리들은 탈락했다.

중국은 수메르 기원의 별자리와 완전히 다른 이름을 가진 283개의 별자리를 보유하고 있으며, 기원전 14세기경 상商나라의 갑골문에 최초로 등장한다. 기원전 2,000년의 힌두교 찬가 『리그베다』와 기원전 16세기

상上 이집트의 왕족 무덤에 쓰인 글에도 별자리가 언급된다. 아메리카 대륙의 나바호족, 이로쿼이족, 마야족, 잉카족, 아즈텍족은 그들에게 아주 중요한 문제들과 연관된 별 패턴을 만들었다. 오스트레일리아 원주민, 남아메리카 열대우림 지역, 북극 시베리아와 알래스카의 얼음 지대, 아프리카의 사막과 수풀과 초원의 주민도 마찬가지였다.

이 책은 우리 모두 공통으로 가지고 있는 무언가를 이야기한다. 우리는 도덕적 문제와 사회 규칙, 현실적이고 영적인 문제, 당면한 욕구와 허황한 꿈에 관해 이야기를 나누고 논의하기 위해 별자리를 만들었다. 이 이야기들을 되새기며 우리 인류의 무한한 상상력을 예찬해보자.

1장

다양한 얼굴을 지닌 오리온자리

그리스인에게 오리온은 바다의 신 포세이돈의 아들로 반신반인半神半人이었다. 물 위를 걸을 수 있는 오리온은 에게해를 건너 어느 섬의 궁전을 찾아갔다가 포도주를 과하게 마시고는 왕녀를 겁탈했다. 그 벌로 왕은 오리온을 맹인으로 만들고 물 위를 걷는 능력까지 빼앗은 다음 내쫓았다. 이런 최악의 상황에서 그를 구해준 이는 자비로운 불의 신 헤파이스토스였다. 오리온을 가엾게 여긴 헤파이스토스는 그에게 하인 케달리온을 붙여주며 태양이 뜨는 곳으로 가라고 한다. 오리온과 케달리온이 지평선에 이르자 아폴론은 오리온에게 치유의 빛줄기를 내려 바다 위를 걷는 능력과 시력을 회복시켜주었다.

결국 오리온은 크레타섬으로 건너가 그곳에서 활을

잘 쏘는 사냥꾼으로 이름을 날린다. 하지만 사냥을 하면서 분출되는 아드레날린과 무절제한 행동 때문에 그는 또 한 번 곤경에 처한다. 야생의 신 아르테미스의 비호를 받고 있던 오리온은 자신이 땅 위의 모든 동물을 죽일 수 있다고 떠벌리고 다녔고, 대지의 신 가이아는 당연히 불안할 수밖에 없었다. 일설에는 가이아가 땅속 깊은 곳에서 전갈을 내보내 뻔뻔한 사냥꾼의 뒤꿈치를 찌르게 했다고 한다. 또 아르테미스가 악명 높은 호색가 오리온의 접근을 막기 위해 독을 품은 동물을 직접 오리온에게 보냈다는 설도 있다.

오리온의 이야기는 신묘한 재주를 뽐내는 등 오만의 죄를 범하면 누구든 신의 응징, 곧 천벌을 받는다는 고대 그리스의 교훈을 일깨워준다. 이런 연유로 오리온자리(사냥꾼)와 전갈자리(전갈)는 밤하늘의 정반대 편에 나타난다. 이 별들의 궤도는 이야기 속의 또 다른 중요한 사실을 알려주는데, 오리온이 시력을 잃은 뒤 바다에 빠지듯 오리온자리도 늦봄에는 해가 진 뒤 사라지고, 오리온이 시력을 되찾듯 오리온자리도 한여름에 밤하늘로 돌아온다. 그리고 사냥철인 늦가을에 하늘에서 가장 큰 존재감을 뽐내는 별자리도 바로 오리온자리다.

오리온자리는 한때 알 자바르(거인)라 불렸다. 사실

서양의 별자리 대부분은 아랍식 이름을 갖고 있다. 선명하게 빛나는 붉은 별 베텔게우스 혹은 입트 알 자우자는 '중심에 있는 자의 겨드랑이'라는 뜻이다(가끔은 거인의 어깨나 팔 또는 오른손을 가리키기도 한다). 리겔 혹은 리즐 자우자 알 유스라는 오리온의 왼쪽 다리에 해당하는 별로 짙푸른 색을 띠고 있다. 오리온의 허리띠에 가깝게 모여 있는 세 개의 푸른 별은 별자리의 한가운데에 놓인 금덩어리들이다. 별들마다 각자의 명칭이 정해져 있었다. 오른편(서쪽)에 있는 민타카는 '허리띠', 가운데의 알닐람은 허리띠 중앙에 한 줄로 꿰어진 진주알들, 마지막으로 알니타크는 '띠'를 의미한다. 베텔게우스의 반대편 어깨에는 오리온자리의 밝은 별들 가운데 유일하게 아랍어 이름이 없는 벨라트릭스(라틴어로 '여성 전사'라는 뜻)가 있다. 하지만 옛날 지도에는 '노호하는 정복자'라는 의미의 알 무르짐 또는 미르잠으로 표기되어 있다. 비교적 희미한 별 사이프는 오리온의 오른쪽 다리에 해당한다. 실제로 사이프는 '검'이라는 뜻으로, 원래는 사냥꾼의 허리띠에 매달려 있는 무기의 뾰족한 끝을 나타냈다. 오리온성운이 포함되어 있는 희미하고 엷은 칼자루에서 가장 밝은 별은 '검의 가장 밝은 자'라는 뜻의 나이르 알 사이프다. 이웃한 쌍둥이자리의 한 별과 혼동하여 이름 붙여진

그리스의 오리온자리.

듯한 알마이산 또는 메이사는 예전에 알 라스 알 자우자(가운데 있는 자의 머리)라 불렸다. 마지막으로, 오른쪽 어깨 위로 들어올린 팔을 따라 쉽게 식별할 수 있는 일련의 희미한 별들은 오리온이 입고 있는 옷의 소매를 나타내며, '소매'를 뜻하는 '알 쿰'이라 불렸다.

왜 이 특정한 별들은 특정한 계절에 하늘의 특정한 장소에서 보이는 걸까? 오리온의 이야기를 들려주는 이는 누구이고, 그것을 듣는 이는 누구일까? 그리고 이 의문들에 대한 답은 우리에게 무엇을 알려줄까?

기원전 12세기 고대 중국 왕조의 기록들을 보면, 오리온자리의 이야기가 정치적으로 이용된 적이 있음을 알 수 있다. 신화 속의 위대한 황제 제곡帝嚳은 악기를 발명하고 노래를 만들었으며, 가을과 겨울에는 말을, 봄과 여름에는 용을 타고 광활한 제국을 여행했다. 그에게는 알백과 실침이라는 두 아들이 있었다. 황제는 나라를 아주 잘 다스렸지만, 누구에게 황위를 물려줄지 결단을 내리지 못하고 있었다. 두 아들이 사소한 문제로 옥신각신하는 일이 잦으니 더욱더 골치가 아팠다. 그들이 장성해 들판에서 무기를 들고 싸울 만큼 경쟁이 심해지자 황제는 심각한 갈등을 피하기 위해 두 아들을 서로 떨어뜨려 놓았다. 알백은 동쪽으로 보내 샛별(안타레스)을 숭배하는 상국商國을 다스리게 하고, 실침은 서쪽으로 보내 저녁샛별(오리온의 허리띠)에 공물을 바치는 하국夏國을 다스리게 했다. 이 별들의 궤도는 절대 교차하지 않으니, 툭하면 다투던 형제는 다시는 마주칠 일이 없었다.

알백이 상국으로 갔더니 그곳 사람들은 불도 없이 살고 있었다. 그는 하늘의 별에서 불을 훔쳐오려 했지만 그 빛이 타는 듯 뜨거운 데다 쉴 새 없이 움직이고 있어서 불길을 붙잡아 그대로 가져올 수가 없었다. 그러다 한 가지 묘수가 떠올랐다. 마른 풀잎에 불을 붙여서 지상으로 내려갈 때까지 그 불꽃을 꺼뜨리지 않는다면 불을 활활 타오르게 할 수 있지 않을까? 알백은 성공했고, 그 후로 사람들은 불로 음식을 해먹고 밤에도 횃불을 들고 밖을 돌아다닐 수 있었다고 한다.

서쪽으로 간 실침의 모험은 기록이 전혀 남아 있지 않지만, 분명한 사실은 두 형제 모두 횡위를 물려받지 못했다는 것이다. 황위는 형제의 아우 지에게 돌아갔다. 8세기 당나라의 한 시는 실침과 알백의 고충을 은유적으로 묘사한다. "우리는 일생토록 서로 보지 못했구나." 절대 만나지 못하는 두 별처럼. 그리고 주周나라(기원전 1046~기원전 256년)의 통치자들은 서로 으르렁대는 형제

이야기를 도덕적 교훈으로 삼았다. 주나라의 선대인 상나라가 망한 이유는 왕족들이 끊임없이 대립했기 때문이라는 것이다.

아메리카 대륙에서도 오리온은 남성으로 등장하는데, 이름은 에피에템보이며 다리 한 쪽이 없다. 남아메리카 북부와 앤틸리스제도諸島에 사는 현대 카리브족에게 에피에템보는 와와이야라는 젊은 여성의 새 남편이다. 와와이야는 마이푸리유만의 유혹을 받는데, 그녀에게 홀딱 반한 이 비밀 애인은 그녀와 함께 있고 싶어 맥으로 둔갑한다(맥은 돼지와 말의 혼혈종처럼 생긴 동물로, 밀림 속의 꼬불꼬불한 길에서 먹잇감을 찾는 습성이 있고 기다란 성기로 유명하다). 마이푸리유만은 와와이야에게 동쪽 지평선까지 자기를 따라와 함께 하늘로 올라가면 인간의 모습으로 돌아오겠다고 약속한다. 와와이야가 숲에서 땔감을 모으며 속으로 그의 제안을 고려하는 동안, 아무것도 모르는 남편 에피에템보는 근처에서 익은 아보카도를 딴다. 에피에템보가 아보카도 나무에서 내려왔을 때, 와와이야는 마이푸리유만과 함께 달아나기로 마음먹은 참이었다. 그녀는 사랑하는 맥이 마법을 써서 아주 날카롭게 만든 도끼로 에피에템보의 다리를 잘라버리고는 새 연인과 함께 빽빽한 밀림 속으로 달아난다. 하지만 정신을 차린 에피에템보는 급히 목발을 만들어 짚고 아내를 찾아 나선다. 그는 아보카도로 끼니를 때우면서 그 씨앗들을 가는 길에 줄줄이 뿌린다.

미로처럼 꾸불꾸불한 길을 따라가던 에피에템보는 사랑을 나누고 있는 한 쌍의 연인을 맞닥뜨린다. 그는 발 끈하여 '맥-인간'의 머리를 베어버리고, 와와이야에게 함께 집으로 돌아가자고 애원한다. 하지만 와와이야는 연인의 영혼을 따라 하늘로 올라가는 길을 택한다. 남편 은 굴하지 않고 집요하게 뒤쫓아 간다. 그들 셋이 하늘을 달리는 모습은 지금도 볼 수 있다. 와와이야는 플레이아 데스성단, 그 옆에 있는 마이푸리유만의 잘린 머리는 히 아데스성단이며, 에피에템보의 짙붉은 눈인 알데바란과 버림받은 남편에게 남은 한 쪽 다리인 짙푸른 리겔이 그 들의 뒤를 바짝 뒤쫓고 있다.

영원한 삼각관계, 유혹으로 파탄 난 결혼. 겨울 하늘 을 대표하는 세 별자리인 오리온자리와 플레이아데스성 단과 히아데스성단 아래 모닥불을 피워놓고, 도덕적 문 제로 가득한 에피에템보 이야기를 듣다 보면 토론할 거 리가 넘쳐난다. 그리스 신화의 오리온 이야기처럼 여기 에도 계절적인 요소가 있다. 맥으로 둔갑한 애인과의 만 남은 아보카도가 익기 시작하고 땔감을 구하는 건기^{乾期}

에 일어난다. 남편의 광적인 추적은 우기雨期에 일어나는데, 인간보다는 맥이 더 쉽게 길을 찾는 시기이다. 에피에템보가 욕정에 휩싸인 아내와 정부를 발견하는 이야기의 마지막 장은 아보카도 씨앗이 땅으로 떨어진 후의 파종 시기에 펼쳐진다. 플레이아데스성단은 6월 중순 동트기 전 떠오르고, 뒤이어 히아데스성단과 오리온자리가 차례로 나타난다. 이처럼 계절에 따른 별자리의 리듬은 카리브해 지역의 풍작과 관련된 신화를 그려낸다.

미국 중서부 위쪽에 거주하는 라코타족은 오리온자리를 보고 남자의 형체가 아니라 손을 떠올린다. 오리온의 허리띠는 손목, 칼은 엄지손가락이다. 리겔은 집게손가락 끝이고, 에리다누스강자리의 서쪽에서 빌려온 베타성*은 새끼손가락 끝이 된다. 이렇듯 라코타족의 별자리는 우리에게 익숙한 그리스식 별자리와 다르지만, '손을 잃은 추장' 이야기에 담긴 교훈은 비슷하다. 중국 신화와 마찬가지로, 어떻게 행동하면 안 되는지를 일깨워준다.

라코타족 신화에서, 인간 어머니와 별 아버지 사이에 태어난 야심만만한 젊은 전사 '떨어진 별'은 이웃 부족의 추장 딸에게 청혼한다. 그녀는 청혼을 수락하지만

---

* 별자리에서 두 번째로 밝은 별. 밝은 순서에 따라 알파성, 베타성, 감마성 등으로 부른다.

조건을 내건다. 이전에 그녀의 아버지는 비의 신들에게 바치는 제사에서 농작물을 전혀 내놓지 않는 이기적인 행동을 하다가 천둥족 정령들에게 손을 빼앗기고 말았다. 추장의 딸은 '떨어진 별'에게 자기 아버지의 손을 찾아와 주면 결혼하겠다고 한다. 이 도전을 받아들인 '떨어진 별'은 지금의 사우스다코타주에 해당하는 지역의 블랙힐스 산지를 이곳저곳 돌아다니며 친절한 정령들에게서 특별한 능력을 습득한다. 천둥족은 거센 폭풍우와 홍수를 땅으로 불러올 수 있는 정령들이어서 그들에게 붙잡힐 경우 달아나려면 필요한 능력들이었다. 그는 힘줄, 타고 있는 석탄, 독수리 깃털들, 제비, 굴뚝새를 모은다. 다른 모습으로 변신해 수월하게 탈출할 수 있는 주문도 익힌다. 또 자기 조상인 별의 종족이 사는 별의 세계에도 찾아간다. 별의 종족은 훗날 그의 아들이 장성해 자신들을 찾아온다면 피난처를 마련해주겠다고 제안한다.

'떨어진 별'은 천둥족 땅에 도착해 그들 사이로 잠입했다. 천둥과 번개를 일시적으로 잠재우는 주문으로 그들의 허를 찌른 그는 추장의 손을 훔쳐 돌아와 추장에게 돌려주고, 추장은 앞으로 신들에게 꼬박꼬박 공물을 바치겠노라 맹세한다. 약속대로 젊은 전사는 추장의 딸과 결혼해도 좋다는 허락을 받았고, 일 년 후 그들 부부에게 아들이 생긴다. 그 아들이 추장 자리를 물려받게 될 것이다.

　젊은 세대의 도움 덕분에 라코타족과 신들은 좋은 관계를 회복한다. 죄는 용서받고, 젊은이들에게 욕심 부리지 말라는 단순한 교훈을 던져주며 행복한 결말을 맞는다. 하지만 좀 더 성숙하고 관찰력 좋은 이들은 잃어버린 손 이야기를 통해 이기심에 대한 교훈을 얻는 것으로 끝내지 않는다. 손 별자리가 밤하늘에 나타나고 사라지는 시기에서도 의미를 찾는다. 자연의 생식주기가 끝나는 늦겨울에 이 별자리는 땅이 생산력을 상실했음을 알리며 하늘에서 사라진다. 그러다가 추장의 손 신화를 재현하고 제물을 바치는 하지 축제가 열린 후 가을이 오면 제물의 효과 덕분에 손 별자리가 다시 등장한다. 라코타족의 제의祭儀 덕분에 다음 계절 주기에도 땅이 부활할 수 있는 것이다. 늙은 추장은 이전 주기와 묵은해를 대변하는 반면, 그의 후계자인 손자는 새로운 해를 상징한다. 땅에 씨앗을 뿌리는 인간의 손이 본래 가지고 있는 번식력으로 새해가 다시 시작된다. 추장의 딸은 비옥한 대지의 어머니를, 그녀가 낳은 아들은 그녀에게 뿌려진 씨앗을 통해 새해에 되살아나는 생명체들을 의미한다.

　오지에 사는 오스트레일리아 원주민도 비윤리적인 행동을 꼬집는 이야기를 오리온자리에 녹여낸다. 그

오리온자리의 네 가지 버전

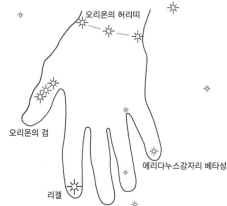

오리온의 허리띠

오리온의 검

에리다누스강자리 베타성

리겔

1. 라코타족의 손

베텔게우스

리겔

사이프

2. 오스트레일리아 원주민의 세 어부

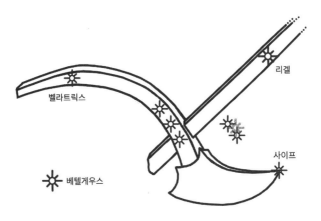

벨라트릭스

리겔

사이프

베텔게우스

3. 인도네시아의 쟁기

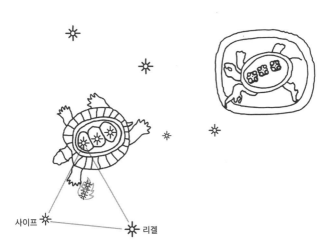

사이프

리겔

4. 마야 문명의 삼각 화롯돌(오리온성운은 화로의 불,
   오리온의 허리띠는 신성한 거북이의 등딱지)

들은 오리온자리를 줄판, 즉 '카누자리'라고 부른다. 옛날 옛적에 물고기를 잡으러 나간 삼형제가 규율 위반임을 알면서도 킹피시 한 마리를 잡아먹었다. 그러자 왈루(태양 여자)가 거대한 물기둥을 일으켜 형제와 그들의 카누를 하늘 높이 날려보냈다. 낚시의 계절에는 모두가 규율을 따라야 한다는 사실을 일깨워준 것이다. 대단한 상상력이 없어도 우리는 이 삼형제를 밤하늘에서 볼 수 있다. 베텔게우스는 카누의 뱃머리, 리겔은 카누의 꼬리 쪽이다. 폭이 가장 넓은 위치에 있는 별들은 오리온의 허리띠, 즉 세 명의 어부다. 자세히 들여다보면 오리온의 검 바로 아래 낚싯줄에 걸려 있는 금단의 물고기까지 보인다. 이 오리온 이야기는 농어처럼 멸종 위기에 처한 종을 잡아먹지 말라는 현대의 도덕 규범과도 통하는 부분이 있다. 하지만 오스트레일리아인들이 염두에 두었던 건 다른 문제였다. 킹피시는 멸종 위기에 처한 물고기가 아니다. 삼형제가 킹피시를 먹으면 안 되는 이유는, 그들이 킹피시 일족에 속해 있기 때문이었다. 그 물고기는 신성한 존재였다. 하늘의 별자리는 땅에 있는 우리의 도덕적 행동에 응답하지만, 선한 행동에 관한 사회적 규칙은 문화권마다 다르다. 오스트레일리아 원주민의 윤리 규범에서 각각의 동물에게는 그들을 보호해주는 인간 친족이 있었다.

유카탄반도의 현대 마야족은 허리띠 부분의 동쪽에 있는 별 알니타크를 리겔·사이프와 연결하여 삼각형의 '창조의 화롯돌'을 만든다. 화로의 불과 연기는 별 삼각형의 한복판에 희미한 솜털처럼 퍼져 있어 육안으로도 보이는 오리온 대성운에 해당한다. 마야족 이야기는 그 뿌리가 아주 깊다. 과테말라 키리과의 기원전 9세기 유적에 있는 석비石碑 C를 보면, 홍수로 인류가 멸망한 뒤 세 명의 신이 '돌을 심어' 세상을 되살리는 이야기가 새겨져 있다.

세 개의 돌이 놓였다. 노 젓는 재규어와 노 젓는 가오리가 첫 돌을 심고…… 최초의 검은 차크(?)가 두 번째 돌을 심고…… 세 번째 돌은 위대한 이참나가 놓았다…… 그 일은 드러눕는 하늘에서 일어났다.

'드러눕는 하늘'은 키리과의 옛 이름이다. 이 세 명의 신은 죽은 자들을 카누에 싣고 은하수를 통해 지하세계의 강을 건넌다. 세 개의 화롯돌 위에 있는 허리띠 별들은 하늘이 솟아나기 전의 땅에서 최초로 등장한 생명체인 거북이를 가리킨다. 거북이는 상형문자가 쓰인 세 개의 돌을 등에 짊어지고 있다. 오리온의 허리띠와 옥수수의 계절 주기 사이에는 은유적인 연관성이 있을지도 모른다. 마야 문명의 고전 시대 초기(기원전 500~기원전 200년), 허리띠 별들은 옥수수 씨를 처음 뿌리는 4월 말에서 6월 초까지 하늘에서 사라졌다가 옥수수 싹이 트면 다시 나타났다. 9월 말 수확할 준비가 되면 한밤중에 세 별이 지평선 위에 수직으로 배열되는데, 그 모양이 다 자란 옥수수를 닮았다. 마야 문명에서 '세 개의 화롯돌'이라는 개념은 계속 중요한 의미를 지닌다. 큼직하고 동그란 돌로 이루어진 삼각형의 화롯돌은 새로운 종족의 인간들(현재 세계의 인간들)을 보살펴준 신성한 불을 상기시키며, 많은 현대 마야족 가정의 중심(요리 구역)을 차지하고 있다.

멕시코의 아즈텍족은 오리온의 허리띠와 검에 있는 별들을 보며 마말와스틀리, 즉 '불쏘시개'라는 별자리를 상상했다. 마말와스틀리는 아즈텍족 통치자가 52년 주기의 아즈텍력에 따라 '해 묶기' 의식에서 밝혔던 불을 되살릴 때 사용하는 막대기다. 당시 인간의 수명과 거의 같은 이 주기는 종교력 260일과 태양력 365일이 모두 맞아떨어지도록 정해졌다. 아즈텍족의 연대기를 기록한 스페인 선교사 베르나르디노 데 사아군에 따르면, 플레이

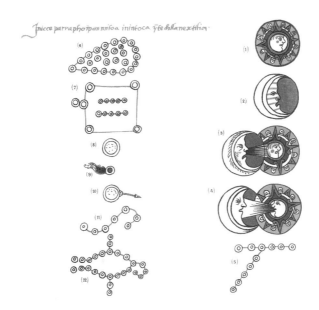

Jnicce parraphoipannnifoa ininfoca yfe fhlanexlfioa

멕시코의 한 문서에 기록된 아즈텍족의 별자리들.
플레이아데스성단(왼쪽 상단)과 새 불을 지피는 데 쓰는
불쏘시개들(오리온의 허리띠와 검을 구성한다. 오른쪽 하단) 등이
포함되어 있다. 오리온의 허리띠에 있는 별들과 플레이아데스성단을
둘러싼 별들의 위치와 숫자가 서양 천문학자들에게는 특이해
보일지도 모른다. 일부 문화권에서는 지금도 현대의 과학적인 지도
제작 기술에 의지하지 않는다.

아데스성단이 하늘 높이 뜨고 태양이 땅 밑으로 떨어지
면 "조마조마하게 기다리고 있던 사람들은 세상이 멸망
하지 않을 것이고 생의 주기가 새로이 시작되리라는 걸
알았다."

아즈텍의 하늘을 관찰하던 사람들은 이때 불쏘시개가 가장 높이 뜬다는 사실을 알아챘다. 태양이 우리에게서 가장 멀리 떨어져 있을 때야말로 새로운 빛에게 세상으로 돌아오라는 손짓을 보낼 최적기였다. 사람들은 깔고 자던 요를 내던지고, 접시를 깨고, 이전 주기에 집에서 사용한 물건을 모조리 망가뜨렸다. 그런 다음 아즈텍의 수도인 테노치티틀란(지금의 멕시코시티)의 대사원에 모여 '새 불'을 지폈다. 생의 부활을 기념하여 가장들은 소나무 가지를 공동의 불에 집어넣고 그 불길을 집으로 가져와 화로에 다시 불을 지폈다. 그런 다음 도자기 그릇과 접시를 새로 만들고, 새로 깔 요를 바느질했다. 새해가 되면 새로운 목표를 세우는 오늘날의 우리처럼 그들도 삶을 다시 시작했다.

이 장에 실린 이야기에는 공통적인 요소가 있다. 각기 다른 문화권에 속하지만 그리스의 오리온부터 외다리 남자, 다투는 형제, 오스트레일리아의 새 이부들까지, 도덕 규범을 넘어서거나 깨는 문제에 관해 대화를 나눌 계기를 마련해준다는 것이다. 떨어진 별, 새 불 지피기, 외다리 남자 같은 신화는 재생의 개념과 시간의 도입도 다룬다. 하지만 나는 거대한 우주의 불이 등장하는 마야의 창조 신화에서 즐거운 놀라움을 느꼈다. 현대 천문학은 오리온성운이 광대한 먼지구름과 눈부시게 밝은 수소 가스, 그리고 온도 1만K(약 9,700℃)의 불로 이루어져 있다고 가르친다. 그곳에서는 여전히 별들이 태어나고 있으며, 그중 다수는 언젠가 생명체가 사는 행성이 나타날 가능성이 높은 원반 형태의 천체들에 둘러싸여 있다. 그러나 아주 오래전 사람들이 상상하고 그 후 대대로 전해 내려온 이 별 이야기들은 오늘날에도 진리를 찾는 이들에게 큰 울림을 준다. 뿐만 아니라 앞으로 오래도록 이어질 토론과 탐구에 활력을 불어넣고 있다.

2장

모두를 위한 플레이아데스성단

나바호족에게 '검은 신'은 세상에 불을 가져다준 그리스의 프로메테우스에 해당한다. 나바호족의 선조들은 네 개의 세계에서 탄생했는데, 검은 신은 그중 첫 번째 세계에 살았던 신이라고 한다. 검은 신은, 숯으로 까맣게 칠하고 여러 개의 흰색 문양을 그려넣은 가면을 쓰고 있다. 기다란 줄이 가면의 얼굴을 양분하며, 줄 밑에는 동그란 태양 모양의 입이 있다. 코의 맨 윗부분에 초승달이 있고, 왼쪽 눈 위에는 우리가 플레이아데스성단 혹은 일곱 자매라 부르는 작은 별무리가 선명하게 반짝인다.

　20세기 초 애리조나주 북부의 프란체스코회 성 미카엘 선교단에 몸담고 있던 버라드 헤일 신부는 나바호족에게서 검은 신의 전설을 전해듣는다. 검은 신이 창조의 호간*에 들어갈 때 다른 신들이 그의 발목에 유리알이 여러 개 붙어 있다고 지적했다. 검은 신이 발을 힘차게 쿵쿵 구르자 유리알들이 그의 무릎으로 휙휙 날아갔다. 검은 신은 다시 발을 굴렀고 이번에는 유리알들이 엉덩이로 올라갔다. 세 번째로 발을 굴렀을 때에는 어깨에 내려앉았다. 네 번째로 굴렀을 때, 플레이아데스성단을 이루는 작은 유리알들은 그의 왼쪽 관자놀이 옆에 박혔다. 검은 신은 "그곳에 머물라!"고 말했다.

이 기막힌 솜씨를 본 조상들은 검은 신이 새까만 하늘을 아름답게 꾸밀 수 있을 거라 믿고, 계속 유리알로 하늘을 수놓으라고 격려했다. 검은 신은 사슴 가죽 주머니에서 유리알을 몇 움큼씩 꺼내 북쪽 하늘에는 '빙빙 도는 남성과 여성'(북두칠성과 카시오페이아자리)을, 남쪽 하늘에는 '토끼 발자국'(전갈자리)과 '다리를 벌린 남자'(까마귀자리)를 흩뿌리고, 이외에도 온갖 별자리로 하늘을 정성스럽게 장식했다. 그런 다음 '점화 별들', 즉 딜레헤(플레이아데스성단)에 영원의 불을 지펴 별들을 반짝반짝 빛나게 했다. 사람들이 말하기를, "검은 신이 이렇듯 세심하게 별자리를 배치한 덕분에 우리에게 '사아 나가이

---

*   나뭇가지를 엮고 그 위에 진흙을 덮어 만드는 나바호족의 집.

비케 호조'가 생겼다"고 한다. 한 나바호족 원로의 설명에 따르면, 그것은 "우주를 아우르는 전체론적이고 질서정연한 삶의 정수이며, 존재와 생성의 이유가 되는 생명력"을 의미한다.

검은 신의 가면에 그려진 지도는, 전 세계 대부분의 지역에서 플레이아데스성단이 보이는 또 다른 이유가 황도黃道(태양과 달과 행성들이 별들 사이로 따라가는 길)와 성단이 가까이 있기 때문이라는 사실을 암시한다. 혼잡한 고속도로 근처의 북적대는 간이식당처럼, 플레이아데스성단은 우주라는 도로의 큰 흐름에 중요한 역할을 한다. 실제로 태양이 지평선 아래로 떨어지면 달이 떠오르듯, 검은 신의 이마에 있는 초승달도 태양 위에 있으며 그 뾰족한 끝이 서쪽에서 지고 있는 태양의 반대쪽을 향해 있다(초승달이 활이라고 상상하면, 거기서 날아가는 화살은 태양을 겨냥하게 된다). 초승달과 태양을 잇는 선은 황도 또는 지구의 공전 궤도면에 해당하며, 그곳에 황도 12궁의 별자리들이 포진해 있다. 검은 신의 얼굴을 지도뿐만 아니라 하늘 시계로도 본다면, 첫 초승달이 서쪽 하늘에 낮게 뜨는 달에는 플레이아데스성단이 해질녘 마지막으로 모습을 드러낸다는 사실을 알 수 있다. 한 해의 마지막 달 이후로는 낮이 길어지기 시작한다.

| '검은 신'의 얼굴을 장식하는 플레이아데스성단.

　　"나는 그 중요성을 설명할 수 없고, 왜 모든 별 가운데 하필 이 작은 별무리가 다른 성단보다 더 중요한지 잘 모르겠다." 1890년대 미국 남서부의 지칠 줄 모르는 고고학자이자 탐험가였던 제시 퓨크스는 나바호족이 세계의 네 구역을 대표하는 신들에게 바치는 '밤의 길' 의식을 보며 수첩에 이렇게 썼다. 그 의식은 매년 겨울 해가 진 후 동쪽 하늘에 플레이아데스성단이 처음 나타나는 저녁에 열렸다.

　　오리온자리의 별자리 구성은 문화권마다 다르다. 반면 플레이아데스성단은, 소북두칠성과 혼동되는 경우가 종종 있지만, 세계 어디에서나 여섯이나 일곱, 혹은 여덟 개의 별로 이루어진 작은 별무리다. 각각의 별은 그리 밝지 않지만 보름달만한 크기의 면적에 퍼져 있는 별들의 빛이 다 합쳐지면 무심코 하늘을 올려다봐도 여지없이 우리 눈에 띄고 만다.

플레이아데스성단은 성경에 세 번 언급된다. 마호메트와 플라톤도 이 성단에 대해 썼다. 존 밀턴, 조지 고든 바이런, 존 키츠, 앨프리드 테니슨도 마찬가지다. 에드거 앨런 포는 그의 시 「세레나데」에서 이렇게 이야기했다. "낙원의 이미지가 펼쳐진다 / 하늘에서 황홀경에 빠져 있는 일곱 별 플레이아데스가 / 저 깊은 곳에서 또 다른 일곱을 만들어낸다." 에이미 로웰은 아예 「플레이아데스」라는 시를 썼다. 세계에서 가장 오래된 별자리표인 3,500년 된 네브라 하늘 원반에는 플레이아데스성단이 뚜렷하게 표시되어 있으며, 모든 스바루 자동차에는 이 성단과 똑같은 문양의 로고가 박혀 있다. 각각의 별은 스바루 기업으로 합병된 회사들을 상징한다고 한다(일본은 '연합된'이라는 의미의 단어 스바루를 플레이아데스성단이라는 뜻으로도 사용한다).

카리브 인디언들은 이 일곱 개의 별을 보고 인간의 내장을 상상했다. 그들의 플레이아데스성단 이야기는 성경의 카인과 아벨을 연상시킨다. 자신의 아내를 탐한 형제에게 살해당한 투몽은 혼백이 되어 동생을 괴롭히다가 결국 다시 매장되고, 그의 내장은 하늘에 흩뿌려져 형제 살해가 얼마나 사악한 범죄인가를 일깨우는 별자리가 된다. 중세 터키에서 플레이아데스성단은 매복 공격을 위한 전투 대형이었다. 노르웨이 신화에서는 이 성단을 병아리들과 함께 있는 암탉으로 묘사한다. 저 멀리 안데스 산맥과 우크라이나에서 이 성단은 창고다. 매년 수확기가 되면 해가 진 후 동쪽에서 플레이아데스성단이 다시 나타나니, 딱 들어맞는 얘기다.

페루 고산지대의 잉카족 후예 역시 그들의 가장 중요한 연례 축제인 코이요리티('반짝이는 흰 눈')를 매년 플레이아데스성단이 다시 나타나는 때에 맞추어 연다. 눈부신 햇빛에 가려 40일 동안 사라졌던 플레이아데스성단이 다시 나타난 후 첫 보름달이 뜨는 날, 수만 명의 순례자들이 높은 산봉우리를 향해 길을 떠나기 시작한다. 그곳에 도착하면 무릎을 꿇고 앉아, 질서의 회복과 새해의 시작을 알리는 태양의 첫 빛줄기를 온몸으로 받아들인다.

롱하우스*의 사람들이라 불리는 이로쿼이족의 플레

---

*   한 가옥을 벽으로 막아 다수의 가족이 독립된 생활을 하면서 공동으로 주거하는 단층 연립 주거 형식.

이아데스성단 이야기는 전통을 존중하지 않는 부모와 아동 학대에 얽힌 슬픈 내용을 담고 있다. 여러 대에 걸쳐 떠돌이 생활을 하던 선조들은 숲이 울창하고 깨끗한 호수가 많은 새로운 땅을 찾아 마침내 정착했다. 그곳에 그들의 주식인 옥수수, 콩, 호박을 심고 점점 더 늘어나는 가족을 위해 들판에 롱하우스를 지었다. 하지만 번영할수록, 조물주가 가르쳐준 추수감사절의 오랜 의식이 그들의 머릿속에서 잊히기 시작했다. 그들은 다투었고, 심지어 집을 떠나는 사람까지 생겼다. 아이들에게는 직계 가족이 아닌 사람과 얘기도 하지 말고 어울리지도 말라고 가르쳤다. 이를 거역한 아이는 때리고 밥을 굶겼다. 맏이들은 조부모에게 들었던 좋은 시절의 이야기를 기억하고 있었다. 큰 축제를 열어 모두가 노래하고 춤추며 어머니 대지에게 경의를 표했던 시절의 이야기를. 그 옛날, 부모는 아이들을 조물주의 선물로 여기며 고이 길렀다.

어느 날, 일곱 명의 아이가 몰래 숲으로 들어가 그들만의 추수감사절 의식을 치르기로 했다. 그들은 옛 노래를 부르고, 기억에 남아 있는 옛 춤을 추었으며, 각자 조금씩 가져온 음식을 나누어 먹었다. 하지만 밤에 몰래 빠져나간 사실을 들킨 아이들은 호된 벌을 받았다. 어떤 아이는 매를 맞은 후 저녁도 못 먹고 침대에 묶이기까지 했다.

그래도 아이들은 비밀리에 만나기로 한 약속을 지켰다.

　어느 날 또 금단의 의식을 치르던 중에 한 아이가 할머니에게 들은, '하늘 세계'라는 특별한 곳에 관한 이야기를 들려주었다. 이로쿼이족의 조상이 원래 살았던 그곳에 이로쿼이족 아이들이 가면 북아메리카 원주민의 조상들에게 환영받을 수 있다는 것이었다. 어느 날 밤, 일곱 명의 아이들은 불을 피워놓고 춤추고 노래 부르며 '하늘지기'에게 자신들을 '하늘 세계'로 데려가 달라고 부탁했다. 아이들은 특별한 춤을 추고 특별한 노래를 불렀다. 그들의 몸이 하늘로 떠오르는 듯한 느낌이 들자마자, 그들 뒤를 밟아 숲속까지 따라온 부모들이 나타났다. 처음엔 자신들의 말을 거역한 아이들에게 화를 내며 소리를 질렀지만, 천천히 하늘로 떠오르는 아이들을 경외감 속에 지켜보며 망연자실하게 서 있을 수밖에 없었다. 아이들의 노래를 듣던 부모들은 자신들이 자식을 얼마나 학대했는지 갑자기 깨닫고는, 아이들에게 다시 이 세상으로 돌아오라며 울부짖었다. 하지만 일곱 명의 아이들은 높이, 더 높이 올라갔다. 그들 중 부모에게 한 번도 맞은 적이 없는 한 아이는 고개를 내렸다가, 저 밑에서 두 팔을 치켜든 채 애원하고 있는 어머니를 보았다. 소년이 노래를 멈추자 추락하기 시작했다. 점점 더 빨리 떨어져 내리다 급기야 빛줄기가 되었다. 다른 아이들은 가족을 떠나 영영 하늘 속으로 사라져버렸다.

그 후 부모들은 하늘에 유성이 보이면 다시는 아이들을 때리지 않으리라 맹세하곤 했다. 수확기(추수감사절)가 되면 롱하우스의 사람들은 초저녁에 밖으로 나가 북동쪽을 바라보며 플레이아데스성단을 찾는다. 그리고 일곱 아이들이 올라간 '하늘 세계'의 작은 별무리를 바라보며 자녀들에게 사랑한다고 말한다.

웨스턴 오스트레일리아의 오지에 사는 소녀들은 일곱 자매 쿵가쿵가랑가의 이야기를 듣고 자란다. 한 소녀의 할머니는 손녀에게 이렇게 말한다. "그들은 너의 친척이란다. 우리와 같은 나라에서 태어났거든." 오스트레일리아 원주민들이 말하는 나라란, 땅과 하늘과 주변 만물과 정서적 교감을 하는 곳을 의미한다. 오래전 꿈의 시대*에 일곱 자매는 하늘에서 땅으로 놀러오곤 했다. 그들은 항상 같은 언덕에 내려앉았고, 지금도 그곳에 가면 플레이아데스성단이 지는 모습을 지켜볼 수 있다. 플레이아데스는 여기 지상에 잠시 머무는 동안 한 동굴을 임시 비밀 거처로 사용했다. 그러던 어느 날 쿵가쿵가랑가

---

*   오스트레일리아 원주민 신화에서 인류의 조상이 창조된 황금시대.

는 사냥하고 풀을 뜯기 위해 거처 밖으로 나왔다. 아내로 삼을 여자를 필사적으로 찾고 있던 한 노인이 몰래 그들 뒤를 밟았다. 노인은 일곱 자매가 임시 거처로 정한 시냇가까지 졸졸 따라갔다. 그러다가 노인이 덤불 뒤에서 불쑥 튀어나오자 소녀들이 뿔뿔이 흩어졌는데 노인은 가장 어린 소녀를 붙잡았다. 겁에 질린 언니들은 언덕 꼭대기로 달아나 냉큼 하늘로 올라가 버렸다. 몸부림치다 간신히 노인의 손에서 벗어난 막내는 언니들이 이미 떠났다는 사실도 모르고 언덕을 향해 달리며 언니들을 소리쳐 불렀다. 노인도 그녀를 따라 하늘로 올라갔다. 우리는 그녀를 뒤쫓아 가는 노인을 아직도 볼 수 있다. 막내 소녀는 가장 희미한 쿵가쿵가랑가이며, 노인은 저녁이나 아침에 뜨는 금성으로 지금까지도 집요하게 그녀를 추격하고 있다. 나이 지긋한 노인들은 "저기 그치가 아직도 일곱 자매를 쫓아가고 있구먼" 하고 말한다.

대부분의 사람이 알고 있는 플레이아데스는, 하늘을 짊어지는 벌을 받은 티탄족 아틀라스와 바다의 님프 플레이오네 사이에 태어난 일곱 딸이다. 못 말리는 바람둥이 오리온이 이 아름다운 딸들을 쫓아다녔다. 그들을 지키기 위해 제우스는 일곱 자매를 비둘기로 둔갑시킬 수밖에 없었는데, 그 후 아틀라스가 더 안전한 변신을 요구하자 그들을 별로 만들었다. 동쪽 하늘로 조금만 고개를 돌려도, 오스트레일리아 신화 속 노인처럼 오리온이 아직도 열심히 일곱 자매를 뒤쫓고 있는 모습을 볼 수 있다.

하늘 이야기들은 우리가 어떤 세상에서 왔으며 지금 어떤 세상에서 살고 있는가를 일깨워준다. 우리의 도덕적 잣대를 재정비해야 할 때를 알려주고, 우리 실생활에 닥칠 위험을 경고해준다. 하지만 시간의 흐름을 보여주는 실용적인 기능도 있어서, 계절 달력을 만드는 데 도움이 되기도 했다. 헤시오도스의 『노동과 나날Works and Days』(기원전 700년)은 공식적인 행사에서 청중에게 낭독해주기 위해 쓴 그리스 시다. 헤시오도스는 펠로폰네소스반도의 바위투성이 땅에서 평생 힘들게 일하며 생계를 유지한 농부였다. 나이가 들어 지친 그는 방탕한 동생에게 농장을 물려주려면 계절마다 해야 할 일을 구체적으로 알려줘야 한다고 생각해 이 시를 썼다고 한다.

　　하늘에 떠 있는 모든 것 가운데 플레이아데스성단이야말로 헤시오도스의 시에서 가장 중요한 역할을 맡는다. 헤시오도스는 다섯 번 이상 이 성단을 언급한다. 예를 들어 플레이아데스성단이 일몰 후 동쪽 지평선 위로 처음 나타날 때부터 일출 전 서쪽으로 사라질 때까지의 기간을 묘사하면서, 이 시기에 맞추어 수확하고 땅을 갈아야 한다고 이른다.

> 아틀라스의 딸들 플레이아데스가 떠오를 때
> 수확을 시작하고,
> 그들이 질 때
> 다시 땅을 갈아라.
> (……)
> 플레이아데스는 마흔 밤, 마흔 낮 동안 숨어 있다가
> 해가 바뀔 때 다시 나타나니,
> 그때 처음 쟁기날을 날카롭게 갈아라.

또한 헤시오도스는 플레이아데스성단이 하늘에서 떠나면 곧 폭풍우가 찾아온다고 말한다.

> 폭풍우가 몰아치는 바다를 항해하고 싶은 욕망에
> 휩싸이더라도,
> 플레이아데스가 무시무시한 거인 오리온으로부터
> 달아나
> 안개 자욱한 수면 밑으로 휙 숨어버려
> 사방팔방에 돌풍이 일어나고 있을 땐

포도주색 도는 푸른 물에 배를 띄워서는 안 된다.

오늘날 안데스산맥 고지대의 농부들 역시 플레이아데스성단을 관찰하여 날씨를 예측한다. 동트기 전 하늘에 플레이아데스성단이 선명하고 밝게 빛나면 앞으로 몇 달은 날씨가 좋을 것이다. 반면 성단이 희미하면 감자 수확량이 떨어질 가능성이 있다. 우기가 늦게 시작되고 강수량도 빈약할 테니 감자를 늦게 심는 것이 좋다. 400년 이상 사용되어온 이 전통 기법은 안데스산맥 고지대의 가뭄에 동반되는 엘니뇨 현상을 예측하는 데에도 꽤 효과적이라는 사실이 현대의 과학 연구로 증명되었다. 대기 과학자들에 따르면, 원주민들이 날씨 예측에 사용한 플레이아데스성단의 주된 시각적 특징들, 즉 전반적인 밝기와 크기, 처음 나타나는 시기 그리고 가장 밝은 별의 외관 등은 엘니뇨가 발생하기 몇 달 전 출현하는 아주 투명한 구름과 관련이 있다. 민간으로 전해 내려온 풍습이 과학 지식과 만나는 순간이다!

별들의 움직임을 유심히 관찰하면 풍작을 기대할 수 있다는 사실을 잘 아는 현대 인도네시아의 벼농사꾼들도 플레이아데스성단을 농경 시계로 사용한다. 그들은 플레이아데스성단을 빈탕 웰루쿠(쟁기 별들)라 부른다.

이른 아침 동쪽 하늘에 플레이아데스성단이 처음 나타나면 농경의 새해가 시작되는데, 인도네시아-말레이반도 지역에서는 동지 직후인 12월 말이 이 시기에 해당한다. 이를 신호로 삼아 농부들은 벼를 심을 땅을 갈기 시작한다. 하늘도 이 장면에서 한 역할을 맡는다. 오리온이 쟁기라고 상상해보자. 쟁기 자루는 리겔, 아랫부분은 벨라트릭스, 쟁기날은 허리띠와 사이프에 해당한다(31쪽의 그림 참고). 플레이아데스성단이 새 농사의 시작을 알리며 하늘에 나타나면, 이런 쟁기 모양이 동쪽 지평선 위에 똑바로 서서 아래의 토양을 갈아엎을 준비를 한다.

이른 아침 플레이아데스성단(이시리멜라, '땅을 파는 별들')이 뜨면 남아프리카공화국의 줄루족은 괭이로 땅을 파기 시작한다. 농부들은 플레이아데스성단이 처음 나타나는 때를 두고 오랫동안 논쟁을 벌인다. 어떤 사람은 성단 중 한 별이 처음 나타나기를 기다리는가 하면, 성단 전체가 보여야 한다고 주장하는 사람도 있다. 또 어떤 이는 열 개나 열두 개의 별이 보여야 한다고 말한다(나는 안데스산맥 고지대에서 하늘이 맑을 때 열두 개까지 본 적이 있다). 줄루족 농부들은 시력이 가장 좋고 천문학적 지식이 가장 많은 사람을 가리는 대회를 자주 연다. 이웃한 호사족의 경우, 땅을 갈아 '밖으로 드러내는' 바로 그 달에 젊은 남성들이 할례를 치르고 완전한 성인이 된 것을 기념한다. 호사족의 한 남자에게 나이를 물었더니 그는 성인식 후 플레이아데스성단이 겨울에 처음 나타난 날의 수를 세는 식으로 자신의 성년 나이를 계산했다.

플레이아데스성단은 내가 '하늘에서 일어난 살인사건'이라는 제목을 붙인, 아즈텍족의 흥미로운 이야기에서 조역을 맡기도 한다. 제국의 통치자들이 정복기 동안 퍼뜨린 이 신화의 주인공은 아즈텍족의 수도 테노치티틀란을 수호한 '태양과 전쟁의 신' 우이칠로포츠틀리다. 전투에서 목숨을 잃은 아즈텍족 전사들은 우이칠로포츠틀리를 따라 하늘로 올라가 내세에서 벌새로 변했다. 전설에 따르면, 우이칠로포츠틀리의 어머니이자 뱀 치마를 입은 대지의 신 코아틀리쿠에는 한 뭉치의 화려한 벌새 깃털을 우연히 발견했다. 안전하게 가슴 안에다 넣어 놨더니 얼마 지나지 않아 불가사의하게도 잉태를 했다. 코아틀리쿠에의 딸인 달의 신 코욜사우키는 태어나지도 않은 동생에게 질투심을 느끼고 어머니를 죽일 음모를 꾸몄다. 코욜사우키는 400명의 플레이아데스 형제들에게 그녀의 계획에 동참해달라고 설득했지만, 그들 중 한 명이 아직 태어나지 않은 아이에게 미리 경고했고, 우이칠로포츠틀리는 무장한 성인의 모습으로 어머니의 자궁에서 불쑥 튀어나왔다. 그는 누나를 추격해 잔혹하게 죽이고 그녀의 머리를 하늘로 휙 던져 올렸다. 그런 다음 400명의 형들을 뒤쫓았고 형제들은 뿔뿔이 흩어졌다.

1980년대에 발굴된 우이칠로포츠틀리 신전은 고대 멕시코시티에서 가장 높은 건물이다. 그 꼭대기에 있는 돌에는 우이칠로포츠틀리의 신화 속 생일이 새겨져 있다. 최근에는 거대한 원반인 코욜사우키의 돌이 신전 밑부분에서 출토되었다. 돌에는 달의 신이 갈기갈기 찢긴 모습이 묘사되어 있었다. 그 석판은 아즈텍족이 태양과 전쟁의 신에게 바치는 의식이 열리는 봄의 첫날, 태양이 신전 꼭대기 위로 솟을 때의 축선과 정확히 일치하는 위치에 놓여 있었다. 코욜사우키의 시체를 묘사한 석판이 우이칠로포츠틀리의 신전 바닥에 있었던 이유는 그가 누나를 죽인 장본인이었기 때문만은 아니다. 포로가 되어 제물로 바쳐진 전사들의 시신을 정복자들끼리 나누어 가진 곳이 바로 그 신전이었다. 이 별 이야기에는 아즈텍 제국이 전하고자 하는 메시지가 선명하게 담겨 있다. 그들에게 정복당하는 자는 우이칠로포츠틀리의 누나 코욜사우키와 똑같은 꼴을 당하리라는 것이다.

이러한 시신 절단 의례와 비슷한 일이 하늘에서도 벌어진다. 아즈텍족은 태양이 달과 플레이아데스성단에

승리를 거두는 모습을 주기적으로 목격했다. 서쪽에서 지하세계로 넘어갔다가 다음 날 동쪽에서 다시 나타나는 우이칠로포츠틀리(태양)와 달리, 달은 이른 아침 이지러질 때 태양에게 따라잡히면 죽어서 몸이 갈기갈기 찢겼다가 다음 달에나 다시 태어나 추격전을 재개할 수 있다. 우이칠로포츠틀리는 1년 주기의 경로를 계속 따라가다가, 연대기 작가 베르나르디노 데 사아군의 말을 빌리자면, 나중에 "400명의 형제들을 뿔뿔이 흩어지게 만든다." 신전 앞 광장에서 우이칠로포츠틀리에게 바치는 의식이 열릴 때 광장 위로 태양신의 생일이 보여야 했듯, 서로 대립한 남성 신과 여성 신 간의 신화적 축은 동서 방향으로 우주와 대칭을 이룰 필요가 있었다. 그(승자)는 태양과 같고, 그녀(패자)는 달과 같다. 그는 신전의 맨 꼭대기에, 그녀는 밑바닥에 놓여 있다. 우이칠로포츠틀리는 동쪽에, 코욜사우키는 서쪽에 있다.

어린아이들을 보호할 필요성을 역설한 이로쿼이족이나 오스트레일리아 원주민의 이야기처럼 단순한 전설이든, '하늘에서 일어난 살인사건' 같은 웅장한 드라마든, 공연의 효과는 무대 디자인에 달려 있다. 말하거나 노래하는 배우의 역할이 돋보이려면 무대 위의 요소를 잘 배치해

야 한다. 사원이나 모스크, 교회에서 예배를 드리는 우리
와 달리, 열대 기후에 살았던 아즈텍족은 야외에서 성스
러운 의식을 치렀다. 오늘날에는 성화가 그려진 제단과
스테인드글라스 창들이 공연의 분위기를 살려준다면, 그
들에게는 드넓은 하늘이 그 역할을 대신했다. 만 명 이상
이 사는 도시에서 우이칠로포츠틀리 신전과 그 주변은
한때 아즈텍족의 군대 역사를 재연하는 가장 큰 무대로
사용되었다. 도시의 의례용 종합시설과도 같은 그곳에서
사제, 도시 설계자, 건축가 등 여러 이름으로 불린 무대
장식가들은 별이든 돌 조각이든 신성한 의미를 지닌 것
들을 적절한 때에 적절한 장소에 배치해 신자들에게 메
시지와 의미를 전달했다.

3장

태양의 길과 세계의 점성술

옥황상제는 자신의 생일을 기념하여 중국의 황도대, 즉 십이지十二支를 만들기로 했다. 강 건너기 대회를 열어 1등부터 12등까지의 동물에게 한 자리씩 주기로 한 것이다. 한때 사이가 좋았고 똑같이 수영 실력이 형편없는 고양이와 쥐는 몰래 소의 등에 올라타 건너기로 했다. 하지만 강을 절반쯤 건넜을 때 이기적인 쥐가 고양이를 강물로 밀어버려 경쟁자를 제거했고, 그 후로 둘은 영원한 앙숙이 되었다. 소가 강 건너편 결승선에 다가가자 쥐가 소의 등에서 폴짝 뛰어내려 1등을 차지했다. 불평하는 법이 없는 소는 2등이 되었고, 간발의 차로 3등이 된 동물은 호랑이였다. 호랑이는 땅에서는 빠를지 몰라도 강물 속에서는 젖은 털이 무거워 제대로 힘을 쓰지 못했다.

날랜 몸을 타고나 승자로 점쳐졌던 토끼는 물에 젖지 않으려고 바위만 찾아 뛰어다니다가 시간을 다 잡아먹고 말았다. 반대편 강변에 가까워졌을 때 미끄러져서 물에 빠졌지만 다행히도 물에 떠다니던 통나무를 붙잡고 무사히 결승선에 도착했다. 이렇게 빙 돌아가다 보니 실망스럽게도 4등에 그치고 말았다. 옥황상제는 용이 겨우 5등을 차지했다는 사실에 깜짝 놀랐다. 영험한 능력을 가지고 있으면서 왜 더 잘하지 못했느냐고 옥황상제가 묻자, 용은 불타는 밭에 갇힌 농부들을 구하느라 멈춰서 강력한 숨으로 불을 꺼야 했다고 답했다. 옥황상제는 현명한 선택을 했다며 선한 용을 칭찬했다. 말은 6등, 말의 발에 몸을 돌돌 감는 편법을 쓴 교활하면서도 영리한 뱀은 7등이 될 것처럼 보였다. 하지만 자세히 들여다보면 뱀이 머리를 앞으로 쑥 내밀어 말보다 먼저 육지에 닿았고, 그래서 최종 순위가 뒤바뀌었다.

　　이제 다섯 자리만 남았다. 흥분한 관중은, 미친 듯 강물을 첨벙거리며 앞서거니 뒤서거니 하는 원숭이와 닭, 양을 응원했다. 그런데 갑자기 마지막 순간에 원숭이와 닭은, 경쟁 상대인 다른 동물들과 가장 사이좋게 지낸 양에게 8등을 양보하기로 했다. 물에 흠뻑 젖은 개가 혀를 밖으로 내민 채 숨을 헐떡이며 11등으로 들어왔다. 역시 개답게 강물 속에서 노느라 너무 많은 시간을 허비한 것이다. 그러면 12등은? 아무 동물도 보이지 않자, 옥황상제는 이제 대회를 끝낼 때라고 생각했다. 그때 저 멀리서 꿀꿀거리는 소리가 들려왔다. 중간에 멈춰서 밥을 먹은 후 진흙탕 속에서 실컷 뒹굴다 겨우 제시간에 결승선을 통과해 십이지의 마지막 자리를 차지한 게으른 돼지였다.

우주라는 배경에 동물들을 대역으로 세운 이 위대한 경주 이야기를 통해 중국의 이야기꾼은 인간의 도덕적 행동에 대해 이야기한다. 영리한 뱀, 놀기 좋아하는 개, 게으른 돼지 등등. 이렇듯 동물들이 열두 띠를 이루고 있는 건 적절한 설정이기도 하다. 'zodiac(황도대)'이라는 단어가 '동물들의 원'이라는 뜻의 그리스어에서 유래하기 때문이다. 천문학자들이 정의하는 황도대란, 하늘을 맴도는 18도 너비의 띠로, 30도씩 12구역으로 나뉘어 있다. 서양의 황도대는 하늘을 둥글게 에워싸는 경로로 별이 총총히 박혀 있고, 태양이 일 년 동안 가로지르는 길(황도)과 달이 한 달 동안 움직이면서 그리는 '호狐'를 표시해준다. 밤하늘을 이리저리 움직이는 다섯 개의 다른 밝은 빛들, 즉 수성·금성·화성·목성·토성의 이동경로도 알려준다.

현대 천문학자들은 지구가 태양 주위를 일 년에 한 바퀴 돈다는 사실을 알고 있지만, 우리 눈에는 태양이 일 년이라는 기간 동안 별들 사이를 서쪽에서 동쪽으로 지나가는 것처럼 보인다(다른 모든 천체와 마찬가지로 태양이 아침에 동쪽에서 떠서 저녁에 서쪽으로 지는 모습을 목격하면서도 우리는 이런 움직임이 지구의 24시간 자전 때문이라고 생각한다). 이와 비슷하게, 우리는 달이 지구 주위를 한 달에 한 바퀴(지구의 궤도면과 가깝게) 돈다고 추상적으로 생각하지만, 같은 기간 동안 달이 별자리들 사이를 서쪽에서 동쪽으로 움직이는 모습을 관찰한다. 또 우리는 행성들이 거의 같은 궤도면에서 각자의 주기로 태양 주위를 돈다는 사실을 알고 있지만, 우리 눈에는 다들 똑같이 별들의 고속도로를 따라 서쪽에서 동쪽으로 움직이는 것처럼 보인다. 일시적으로 역행할 때도 있지만 말이다. 이런 역행은 지구가 그 행성들을 지나거나 행성들이 지구의 궤도를 지날 때 생긴다. 고속도로에서 같은 방향으로 달리는 자동차를 더 빨리 지나칠 때 이와 똑같은 현상을 경험할 수 있다. 저 멀리 있는 나무와 언덕들을 바라보면, 상대적으로 다른 자동차는 뒤로 가는 것처럼 보인다.

서양 전통에서 해와 달, 방랑자들planet(행성을 뜻하는 영어 단어 'planet'은 방랑자를 뜻하는 그리스어에서 유래한다)은 고대 수메르인의 황도대인 '아누의 길'을 따라 여행했다. 밝은 별들이 길을 밝혔고, 세계의 각 구역을 담당하는 전문가들이 별의 위치를 파악해 신들에게 앞으로의 일을 조언했다. 황도대의 북부 지역인 북회귀선 부근은 대지의 신 엔릴 혹은 벨의 길, 남부의 남회귀선은 물의 신 에아의 길이었다. 모든 신의 조상인 하늘 신 아누는 하늘 도로인 황도대를 정기적으로 찾아가 정거장들을 점검하고, 그곳을 방문하는 행성의 신들과 어울렸다.

뚜렷한 이유 없이 오리온자리에게 공격당하는 것처럼 보이는 황소자리는 그리스의 하늘 동물원에 제일 처음 입성한 별자리 중 하나였다. 사자(사자자리), 전갈(전갈자리)과 함께 황소는 기원전 3200년의 경계 표지와 원통형 인장에 문장紋章처럼 새겨져 있다. 황소자리가 있는 곳은 은하수가 황도를 넘어가는 구간이라 아주 혼잡했지만, 황소는 달의 신 에우로페를 페니키아에서 크레타섬의 집까지 태워다준 후 제우스에게 그 자리를 상으로 받았다. 이 이야기의 더 밝은 버전에서는 제우스가 에우로페와 사랑에 빠진다. 제우스는 인상적인 만남을 위해 흰소로 둔갑해 그녀 앞에 나타나고, 에우로페는 소의 아름다움에 혹해 그 등에 올라탔다가 에게해의 크레타섬으로 실려간다.

사자자리는 헤라클레스의 맨손에 살해당하기 전까지 동물의 왕이었고, 오리온자리의 반대편에 자리잡게 되는 전갈자리는 이미 만나보았다. 처녀자리는 인간의 모습을 한 세 별자리 중 하나다. 천칭자리와 가까워서 그런지, 제우스의 딸인 정의의 신 디케를 상징한다. 디케는 한때 여기 지상에서 우리와 함께 살았는데, 황금시대 후 타락한 인간들의 행태가 역겨워 법을 수호하려는 노력을 포기했다고 한다. 그래서 멀리 떨어진 산으로 떠났다가, 인간 세상이 훨씬 더 심각하게 망가지자 하늘로 올라가 버렸다. 물병자리는 항아리에 든 물을 따르는 남자처럼 보인다. 그는 황도대에서 세 개 연속으로 배치되어 있는 '물'의 별자리 중 하나다. 나머지 두 개는 염소자리(하반신은 물고기, 상반신은 염소)와 물고기자리(한 쌍의 물고기)다. 하늘에 연이어 함께 떠 있는 이 세 별자리를 태양이 지나는 동안 우기가 이어진다. 이 취약한 시기는 태양이 그들을 떠나 동트기 직전 동쪽 지평선에서 다시 떠오를 때 끝난다. 니산(제물)이나 이야르(꽃) 같은 유대력의 달 이름에는 민간에서, 의례에서, 농경생활에서 일어나는 활동들의 흔적이 남아 있다.

이렇듯 각 문화권들이 황도대를 구축하려고 노력하는 이유는 의미가 퇴색하지 않는 전통적인 이야기를 소중히 간직하고픈 욕구 때문이기도 하지만, 자연의 힘에 세속적인 속성을 부여하고자 하는 인간의 타고난 경향 때문이기도 하다. 오늘날까지도 천문학자들은 별들이 태어나고, 블랙홀이 별들을 집어삼키고, 초신성들이 죽기 전 최후의 발악을 한다고 이야기한다. 그렇다면 일 년 열두 달 태양이 어디에 있는지 관찰하며 계절의 징후를 찾았던 전 세계 유목민들이 태양의 위치를 보며 자연 현상과 관련된 이름을 붙인 것은 그리 놀라운 일도 아니다.

언어 연상 검사에서 '황도대'라는 단어를 제시하면 대개는 '점성술'이라는 답이 나온다. 별점이나 별자리 궁합을 믿든 안 믿든, 점성술은 세상의 질서를 찾고, 분명 존재하고 있을 근원적인 조화를 발견해내려는 인간의 공통된 욕구를 대변해준다. 인간은 본능적으로 다음과 같은 질문을 던진다. 한 개인이 다른 개인에게, 통치자가 국민에게, 인간이 자연에, 자연이 인간에게 휘두르는 권력, 즉 권위와 통제는 어디에서 나올까? 앞으로 닥칠 일을 어떻게 알 수 있을까? 자연계에서 하늘만큼 순수한 질서, 완벽함, 확실성을 잘 전달해주는 매체도 없다. 해와 달, 행성들이 황도대 도로를 따라가는 길은 완벽하게 예측 가능하며, 하늘에 나타나는 징조들은 믿어도 좋다. 그래서 우리는 항상 하늘에 의지해왔다.

하지만 천체 현상을 보고 앞일을 예견하기란 결코 쉽지 않다. 전문적으로 하늘을 관찰하려면 세상의 이치에 통달해야 할 뿐만 아니라 훌륭한 기술과 끈기도 필요하다. 이집트의 유명한 점성술사 하르케비의 동상에 새겨진 글을 보면, 별점을 치는 일이 얼마나 고귀한 직업이었는지 알 수 있다. "성전聖典에 정통하고, 하늘과 땅의 모든 것을 관찰하고, 별을 관찰하는 눈이 맑아 실수하는 법이 없으며, 미래를 예언하는 신들과 함께 별의 등장과 퇴장을 선언하는 세습 왕자이자 백작이며, 왕의 유일한 벗"이 그 일을 맡았다.

고문서들에는 점성술사의 아주 고단한 삶도 묘사되어 있다. 기원전 7세기에 활동한 아시리아의 궁정 점성술사 미나비투는 직업의 안정성을 염려하며 긴장감 어린 일기를 남기기도 했다.

전하께서 내게 명령을 내리셨다. "지켜보다가 무슨 일이 일어나면 내게 말하라!" 그래서 나는 전하께 이로울 것 같은 좋은 조짐이 보이면 무조건 전해드리고 있다. 전하께서 "그 조짐이 무슨 문제라도 되는가?"라고 물으시면 나는 이렇게 답한다. "화성이 지평선 아래로 넘어갔으니 아무 일 없을 것입니다." 전하께서 "이 달

의 첫날, 그대는 왜 내게 길조든 흉조든 알려주지 않았
는가?" 하고 물으시면 나는 이렇게 답한다. "이렇게 사
람이 많은 데서 학문을 논할 수는 없지요!"

이 대담한 점성술사의 한탄은 여기서 그치지 않는
다. "내가 전하께 확실한 의견을 전해드릴 수 있는 날을
골라 나를 불러주시면 얼마나 좋을까!" 가여운 미나비투!
하늘을 올려다보며 신들에게 시적으로 애원하고 짐
승까지 제물로 바치는 바빌로니아 사제의 말에서도 간절
함이 느껴진다. "오, 플레이아데스, 오리온 그리고 용이
시여! 준비하고 계시다가 제게 진실을 알려주소서."
아시리아의 방황하는 점쟁이 미나비투는 자연의 중
요한 징조를 제때에 파악했을까? 우리로서는 알 수 없
다. 황도대의 화성 위치 기록을 참고했겠지만 잘못된 날
을 선택했을지도 모른다. 하늘에서 일어나는 일을 보고
지상에서 안 좋은 사건이 일어나리라 착각했을 수도 있
다. 아니면 과로에 지친 나머지 자신의 임무를 제대로 수
행할 수 없었을까? 이 통렬한 인용문들에 묘사된 고대의
점성술사는 오늘날 일부 사람들이 생각하는 사기꾼이 아
니라, 학문의 복잡한 규칙을 따르려 무던히 애쓴 무력한
관찰자다. 적어도 왕은 궁정 점성술사를 진실한 지식을

전달하는 오만한 영매, 진짜 권력을 휘두르는 사람으로 보는 것 같지는 않다. 하늘에서 내려오는 말이 꽤 선명하게 들리는 경우도 있지만 애매모호할 때도 있는 것이다. 하기야 성공한 종교라면 예기치 못한 기묘한 일과 씨름할 수밖에 없지 않은가? 중요한 모든 의문에 정확한 해답을 알려주는 것이 종교의 목적은 아니므로.

국가의 안녕을 책임지는 궁정 점성술사가 하늘을 제대로 읽지 못하면 크나큰 대가를 치르기도 했다. 기원전 2000년 중국의 천문학자들이었던 희씨羲氏와 화씨和氏는 임무를 제대로 수행하지 못해 처형당했다고 전해진다. 몇백 년 후 지어진 한 상스러운 운문은 그들의 운명을 다음과 같이 추모했다.

여기 희씨와 화씨의 시신이 누워 있나니.
눈에 보이지 않는 일식을 보지 못해 죽임을 당한
그들의 운명은 슬프면서도 우스꽝스럽구나.

속설에는 두 천문학자가 근무 중에 술을 마셨다고도 한다. 학문적인 관점에서 생각하자면, 일식이 일어났을 때 그들이 적절한 행동을 취하지 못했다고 보는 편이 가장 무난할 것이다.

"위에서 그러하다면 아래에서도 그러하리라." 별점에 담겨 있는 이 논리는 꽤 단순하다. 매일같이 주의 깊게 관찰해보면, 해와 달의 주기가 계절이나 조수 그리고 월경 주기 같은 생체 리듬과 관련되어 있음을 쉽게 알 수 있다. 마찬가지로 하늘을 주의 깊게 감시하다 보면 일월식이나 금성의 새벽 출현처럼 완벽하게 예측 가능한 사건들과, 메뚜기 떼의 역습이나 역병처럼 예측 불가능한 사건들 사이의 연관성도 발견할 수 있지 않을까? 천문기록판에 새길 내용을 정리해서 필경사들에게 읊어주는 일을 했던 고대의 시간 기록자들, 과학이 생기기 전의 하늘 전문가들이 바로 이런 의문을 품고 있었다. 지상의 인간과 하늘의 초월적 존재는 과학적 실험이 아닌 제물과 주문이라는 언어를 통해 대화를 주고받았다. 소통의 도구는 나침반과 망원경이 아닌 부적이었다.

언어 연상 검사에서 황도대와 점성술이 짝을 이룬다면, '별점 horoscope'도 여기에서 빠질 수 없다. 이 단어는 그리스어에서 유래한다. '나는 시간을 관찰한다', 혹은 구어적으로 '나는 떠오르는 것을 지켜본다'라는 의미의 호로스코푸스 horoscopus는, 우리가 태어나는 시간에 그 장소에서 동쪽 지평선으로 넘어오는 천체들을 관찰하여 미리 정해진 인생의 전반적인 패턴을 예측하는 기술을 말한다. 국가의 명운을 예견하는 데 점성술을 사용했던 바빌로니아인과 달리, 민주주의 체제에서 자란 그리스인은 누구나 자신만의 별점을 가질 권리가 있다고 믿었다. 2,500년 전, 아테네의 가장 중요한 공공장소인 아고라에 잔뜩 모인 사람들에게 그저 그런 실력으로 상담을 해주는 점성술사를 상상해보자. 의뢰인은 이런 질문들을 던질 것이다. "우리 언니가 건강한 아기를 낳을까요?" "다음 달이 수확인데 날씨가 좋아질까요?" 그리스 문화에서는 누구나 미래에 대해 알 권리가 있었다.

중국인들은 황도대 같은 체계를 세 가지 고안했다. 하나는 앞서 설명했던 12년 주기의(12달이 아니다) 십이지로, 각각의 해를 상징하는 동물이 있다. 또 다른 하나는 황도가 아닌 적도를 따라 28개의 별자리가 배치된 이십팔수二十八宿로, 별이 총총한 하늘에서 달이 움직이는 경로를 파악할 수 있게 해준다. 그리고 세 번째 체계인 사방위四方位는 역시 적도를 따라 하늘을 네 방위로 나누고, 행운을 가져다주는 동물이 각각의 방위를 대변한다. 동쪽은 청룡, 남쪽은 주작, 서쪽은 백호, 북쪽은 현무이며 구역마다 계절과 빛깔, 원소 등등의 특성이 정해져 있다.

달의 공전 주기에 맞춘 중국의 이십팔수는 기원전 5세기 무덤들의 별자리표에 등장한다. 별자리에는 동물

중국의 황도대라 할 수 있는 세 가지 천문 체계를 보여주는 당나라의
거울. 안쪽에서부터 사방위, 십이지, 이십팔수.

이나 인간의 부리·위·날개·심장·식도 같은 신체 부위,
혹은 수확용 농기구·집·우물·수소·풍구처럼 가사와
관련된 물건의 이름이 붙었다. 하지만 귀신이나 세 별(오
리온의 허리띠를 이루는 세 개의 별)처럼 추상적인 이름도
있다. 체계는 복잡하지만, 이 이름들은 애매하지도 현실
세계와 무관하지도 않다. 예를 들어 말갈기와 야크 꼬리

는 전사, 그물은 사냥꾼, 올가미 밧줄은 죄수, 위는 창고나 곡창과 관련되어 있다. 거북이 주둥이는 야생 식물의 수확을 관장하고, 귀신은 황제에 대항하여 반역 음모를 꾸미는 일당을 색출해내는 능력이 있다.

각각의 수宿마다 특정 징조가 담겨 있다. 바빌로니아의 점성술과 마찬가지로, 그 내용은 천자天子인 중국 황제의 통치와, 하늘의 힘이 미치는 영향에 관한 것이었다. 예를 들면 이런 식이었다. "현명한 황자가 황위를 차지할 때 달이 올바른 길을 따라간다.", "고위 관리들이 백성보다 자신의 이익을 우선시하면 달이 북쪽이나 남쪽으로 엇나간다.", "달이 더디게 움직이는 것은 황자가 무분별하게 벌을 내리고 있기 때문이다."

중국에서 태양太陽은 해를, 태음太陰은 달을 상징한다. 황제에게 필요한 자질인 생명력과 자비심 그리고 미덕을 지탱하는 힘인 태양의 정수는 해였다. 하지만 해를 통해 황제의 결점이 폭로될 수도 있었다. 해의 모습이 조금이라도 달라지면 제국에 변화가 생길 것이라는 전조였다. 예를 들어 전시戰時에 해의 색이 변하면 패전의 징조가 될 수 있지만, 평화로운 시절에는 귀족의 죽음을 의미할 수도 있었다. 자신만의 길을 따라 여행하는 달은 해와 대응 관계에 있지만 대립하지 않고 해를 보완해주는 역할을 했다. 달은 대개 황후의 자질과 관련된 힘인 태음의 정기精氣였다. 현명한 황후가 통치하면 달이 여행 경로를 잘 지키기 때문에 세심하게 관찰할 만한 가치가 있었다. 잘못된 처벌이 내려지면 달은 남쪽이나 북쪽으로 움직였고, 달의 색이 갑자기 변하면 황후가 어리석은 행동을 했다는 의미가 될 수 있었다.

행성들, 특히 목성의 경로를 따라가는 것 또한 중국 점성술에서 중요한 부분을 차지했다. 행성들이 황도대의 별자리들 사이를 빠르게 오가고 전진하거나 후퇴하는 움직임은 인간 세상에 일어날 사건들을 예고하는 것처럼 보였다. 한 행성이 다른 행성을 돌아가면 "위에서 내려오는 사람들" 혹은 "밑에서 올라오는 사람들" 같은 특정한 표현으로 묘사했다. 한 행성이 다른 행성 옆을 급하게 지나가거나 다른 행성을 가릴 때, 두 행성이 같은 선을 따라 반대 방향으로 움직일 때, 혹은 서로를 가리며 겹쳐졌다가 떨어지거나 아니면 서로 부딪칠 때를 주의 깊게 관찰했다. 예를 들어 명나라의 지도자들은 1524년에 거대한 행성 밀집을 관찰하고는 자신들의 통치가 곧 끝나리라는 천명이 내려졌다고 생각했다. 그해 화성과 금성, 목성, 토성이 앞뒤로 휙휙 움직이며 서로를 피하다가 현무구역에 한데 모였다. 명나라 점성술사들이 '황제의 총신들'이라 부른 행성들이 초자연계에 모인 것은, 저 아래 인간 세상에 일으킬 정치적 변화를 논의하기 위해서였을까? 명나라 사료에는 25세기도 더 전인 기원전 1059년 똑같은 행성들이 주작 구역에 모였다는 기록이 남아 있다. 점성술사들은 이 사건이 주나라에 의한 상나라 멸망을 예견했다고 믿었다. 중국의 역사가들은 명나라 사람들도 기원전 1579년에 일어난 비슷한 사건을 알고 있었을 것이라고 추측한다. 장장 516년이라는 긴 주기로 행성들이 모여 거대한 변화를 예고하는데, 흡사 기독교에서 베들레헴의 별이 구세주 예수의 탄생을 알린 것과 같다. 어떤 천문학자들은 베들레헴의 별이 뜬 것은 예수가 태어났을 때 밝은 행성들인 목성과 토성이 물고기자리 가까이에 집결한 '합合 현상'이 일어났기 때문이라고 말한다.

중국 왕실과 마찬가지로 중세 유럽의 궁중에도 점성술사들이 있었다. 주교와 왕, 사제와 왕자 등의 공직자들은 하늘에서 무슨 일이 일어날지, 그 일이 정확히 언제 벌어질지 알고 싶을 때면 이 현자들을 찾아갔다. 14세기 피렌체의 궁중 점성술사였던 체코 다스콜리는 행성의 합을 예상하는 작업에 열심이었다. 프란체스코회 수사이자 피렌체 의사들의 특별 고문이기도 했던 그는 자신의 저서 『점성술의 원칙』에서 "의사라면 별들과 그들의 합을 반드시 알고 고려해야 한다"라고 말했다. 그런 다음 모든 행성을 열거하고 각각의 행성과 연관된 약초를 적어두어 적절한 때 치료에 쓸 수 있게 했다. 안타깝게도 다스콜리는 권력과 명성을 얻자 도를 넘기 시작했다. 그리스도의 탄생과 적그리스도의 도래, 세상의 종말에 근거한 점성술적 예언에 함부로 손을 대다가 결국 종교재판을 받았다. 1327년 가톨릭교회는 다스콜리를 화형에 처했는데, 그것이 점성술의 오용 때문이었는지 아니면 어떤 정치적 음모 때문이었는지는 알 수 없다. 재판관 중 한 명이었던 아베르사의 주교(역시 프란체스코회 수사였다)는 다스콜리가 경쟁 도시인 체세나의 협력자라 여겼다. 체세나는 다스콜리가 속해 있던 프란체스코회 이탈 파벌을 지원하고 있었다.

어떤 물리적 현상을 보면 습관적으로 합리적 설명부터 찾는 우리로서는 중세인들이 세속의 일과 천체의 움직임을 얼마나 밀접하게 연관시켰는지 가늠하기 어렵다. 1348년 파리대학 의학부는 1345년 3월 20일 오후 1시 물병자리에서 화성과 목성과 토성의 합이 일어났으니 인간 세상에 무시무시한 사건이 일어날 거라고 예고했다. 어떻게 그런 일이 벌어진다는 것일까? 따뜻하고 습한 성질의 목성이 지구의 유해한 증기를 끌어당기면, 뜨겁고 건조한 화성이 거기에 불을 붙이고, 사악한 토성은 그것을 인간 세상에 퍼뜨린다는 것이다. 그 후 3년 동안 흑사병으로 유럽 인구의 절반 가까이가 목숨을 잃었다. 우리는 운수 사나운 행성들 때문이 아니라 벌거숭이가 된 아마존, 사라지고 있는 오존층, 지구 온난화 때문에 전염병이 돈다고 생각하면서도 이런 의문을 품을 수밖에 없다. 과연 현대 과학이 중세의 점성술보다 우리 행성의 운명을 더 잘 통제할 수 있을까?

1542년, 스페인의 정복자들이 유카탄반도 북서쪽에 있는 마야의 수도 마야판에 들어갔을 때, 이교도들을 기독교도로 개종시키는 임무를 띤 로마 가톨릭 신부들이 곧 뒤따라 왔다. 그들은 먼저 원주민의 예배 장소를 무너뜨리고, '그림문서 codex'(나무껍질에 석회를 칠해서 만든 고문서로, 천문학적으로 알맞은 예배 일정을 잡는 데 사용되었다)를 보이는 대로 전부 불태워 버렸다. 한 선교사는 갓 지은 교회 앞에 보란 듯이 모닥불을 피워놓고, 점과 줄을 사용한 수학 표기법과 상형문자들이 가득 기록되어 있는 그 접이식 그림문서들을 땔감으로 썼다. 옆에서 구경하던 어떤 사람이 기념물로 챙기려고 잡아챈 듯한 몇 부분만 빼

파리 그림문서에 기록된 마야 황도대의 일부분. 코가 긴 뱀의 양옆에
한 쌍의 새가 있다.

고 그림문서는 거의 전멸하다시피 했다. 살아남은 부분
은 심하게 침식된 상태로 파리 도서관에 보관되어 있다.
그래서 파리 그림문서라 불린다. 그 문서는 1850년대 프
랑스 국립도서관의 벽난로 구석에 검댕이투성이로 버려
져 있는 종이 더미 속에서 발견되었다. 23쪽과 24쪽에는
쭉 이어진 띠 밑에 다수의 동물이 태양 문양에 턱이 물린
채 매달려 있는 그림이 있다. 나머지 부분의 형식과 인접

한 페이지의 내용으로 판단하자면, 그 띠는 두 개의 머리를 가진 하늘 뱀 '카안'의 몸을 표현한 것이다. 동물 행렬은 아래쪽 띠까지 계속 이어진다. 총 13마리의 동물이 마야의 황도대를 구성하고 있다.

쉽게 알아볼 수 있는 동물은 방울뱀(꼬리의 음향 기관이 선명히 보인다), 거북, 전갈, 한 쌍의 새(한 마리는 독수리일 것이다) 그리고 뱀이다. 이들보다는 덜 확실하지만 개구리, 사슴, 인간 두개골, 페커리*처럼 생긴 것도 보인다. 이 천상의 존재들이 자신들의 황도 영역에 들어오는 해와 달, 행성들을 집어삼키고 있는 걸까? 동물들의 이미지 밑에는 마야의 요일 이름과 숫자들이 나열되어 있는데, 날짜는 28일 주기로 표기되어 있다. 28일의 기간이 13번 반복되어, 각각의 가로줄을 따라 쭉 세어보면 총 364일이 된다. 중국의 이십팔수가 그렇듯, 28이라는 숫자는 달과의 연관성을 암시한다. 고대 마야인들은 이 표를 이용해 별 사이를 움직이는 달의 경로를 기록했고 음력을 열세 달로 구분했던 것 같다. 한 달은 28일이며, 따라서 음력으로 1년은 364일이다. 하지만 마야 황도대의 동물들이 우리의 예상처럼 일직선으로 이어져 있는 것은

---

*   중남미에 서식하는 멧돼지의 일종.

아니라는 증거가 있다. 그보다는 번갈아가며 둘씩 짝을 짓는 것처럼 보인다. 예를 들어 어떤 별자리가 동쪽 지평선 바로 위에 자리잡으면, 두 번째 별자리는 160도 정도 떨어진 서쪽 바로 위에 나타나는 것이다. 마치 하늘에서 둘이 마주 보며 대화를 나누는 것처럼. 유카탄반도에 있는 의례용 건물들의 프리즈†에는 마야 황도대의 다른 두 버전도 그려져 있는데, 둘 모두 금성의 위치를 보여주고 있다.

멕시코 치아파스주의 보남팍 궁전 어느 방의 아치형 천장을 장식하고 있는 아름다운 벽화에도 마야의 황도대가 등장한다. 그림은 전투에서 패한 자들이 항복하고 승리자가 권좌에 오르는 장면을 묘사하고 있다. 하늘뱀의 띠 위에 있는 4개의 타원형 장식판 중 2개에는 파리 그림문서에서도 볼 수 있는 별자리가 그려져 있다. 창을 휘두르는 인간 형상과 도자기를 든 인간 형상의 양옆으로 교미하고 있는 한 쌍의 페커리와 거북이 한 마리를 발견할 수 있다. 네 장식판 모두에 금성을 표현하는 마야의 상형문자가 남아 있다. 프리즈 밑에는 오싹한 장면이 묘사되어 있다. 전투에서 패한 전사들이 몸을 수그린 채 목

---

† 　방이나 건물 윗부분의 띠 모양 장식물.

숨을 구걸하고 있고, 아름답게 치장한 보남팍의 왕은 방금 제압한 자들 위에 당당하게 서 있다. 한 포로는 형벌로 손톱이 뜯겨 나간 피투성이 손을 들어올리고 있고, 그 옆 계단에는 또 다른 포로의 잘려나간 머리가 굴러떨어지고 있다. 전쟁을 통한 정복과 권력 획득은 마야의 벽화와 조각에 꾸준히 등장하는 주제이다. 흥미롭게도 보남팍의 기념비들에는 금성이 처음으로 나타난 날짜와 마지막으로 나타난 날짜가 구체적으로 기록되어 있다. 정말 '별들의 전쟁'이라도 있었던 것일까?

마야인들이 1,200년 전의 그림으로 어떻게 미래를 예언했는지 우리로서는 알 길이 없고, 고대 마야인의 후손도 자신들의 선조가 그림문서를 어떤 식으로 이용했는지 잘 모른다. 과거의 점성술사들이 어떤 일을 했는지 알아내려면, 현대 마야인들의 관습에 관한 민족지학적* 연구에 의존할 수밖에 없다. 기록에 남은 한 사례를 보자. 향기로운 향과 촛불, 씨앗과 수정 조각들이 놓인 테이블을 사이에 두고 점쟁이와 의뢰인이 마주 앉아 있다. 아테네의 아고라에서처럼 의뢰인이 질문을 던진다. "이 결혼을 해도 괜찮을까요?" "내 병이 왜 생긴 걸까요?" 점성술

* 민족학 연구와 관련된 자료를 수집·기록하는 학문. 주로 미개한 민족의 생활 양상을 조사하여 인류 문화를 구명하는 자료로 이용한다.

사가 그림문서를 참고하듯, 점쟁이는 점치기용 주머니에서 물건들을 꺼낸 뒤 온 우주에 말을 걸듯 답한다. "오늘의 숨을 빌리겠습니다." 그런 다음 그는 네 방향을 한 번씩 바라보았다. "떠오르는 해(동쪽), 지는 해(서쪽), 하늘의 네 모퉁이(남쪽), 지상의 네 모퉁이(북쪽)의 숨, 차가움, 바람, 구름, 엷은 안개를 빌리겠나이다." 그러고 나서 그에게 진실을 말해줄 번개가 그의 핏속에 번득이기를 빌었다. 오늘날 대부분의 점술은 제물을 바치는 날과 장소에 맞추어 수정 조각과 씨앗을 제거하거나 바꾸면서 그 배열을 헤아리는 식으로 진행한다.

특히 과학적인 교육을 받고 자란 사람이라면, 독실한 토착민들에게 점성술이 먹혀들었다는 사실이 당황스러울지도 모른다. '어떻게 종교를 가진 사람들이 일상적인 근심이라고는 모르는 자의 점괘에 자신의 운명을 맡길 수 있지? 요즘 세상에 높은 자리에 있는 사람들이 점술에 의지한다고 생각해봐. 무슨 일이 벌어지겠어!' 대부분의 사람은 점성술이 신뢰할 수 없을 정도로 비논리적이고 너무 임의적이며 주관적이라고 생각한다.

현대의 과학자들은 태양 주변을 도는 모든 행성의 움직임을 체계적으로 설명할 수 있는 포괄적 이론을 만들어내지 못했다는 이유로 점성술을 불신해왔다. 우리는 하늘을 주의 깊게 관찰한 사실을 정연하게 기록해둔 옛 바빌로니아인들과, 정확하고 수학적인 그림문서를 남긴 마야의 천문학자들을 칭송하면서도, 하늘에 대한 그들의 믿음이 종교적 의례와 일상생활에 미친 영향이나 그들의 우주관은 무시하는 경향이 있다.

하지만 왜 이 고대인들이 우리와 같지 않았을까 궁금해하기 전에, 그리스든 중국이든 마야든 점성술의 메시지는 우리와 아주 다른 환경에서 살던 사람들을 위한 것이었음을 잊지 말아야 한다. 점성술의 징조와 예지는 그저 운명론적이고 신뢰하지 못할 예측이 아니라, 오히려 인간사에 대해 고민하고 얘기하도록 사람들을 자극하는 역할을 해왔다. 고대인들이 구하고자 한 정보는 우리의 과학적 천문학에서는 그리 중요하게 다루지 않는 부분이지만 그들의 삶에는 꼭 필요했다. 그들은 자연과 인간의 관계에 대한 확고한 믿음에 이 지식을 접목했다. 좀 더 넓은 시선으로 바라본다면, 전 세계의 황도대를 통해 우리 자신에 관해서도 많은 사실을 배울 수 있을 것이다.

4장

은하수에 얽힌 수많은 전설

뉴질랜드의 마오리족은 땅과 하늘 모두를 휘감아 도는 강과, 타우포 호수의 남쪽 끝에 살았던 위대한 전사 타마 레레티에 관한 이야기를 들려준다. 이 초기 시절엔 별이 하나도 없어서 밤이면 너무 어두워 앞이 보이지 않았다. 등에 커다란 척추가 솟아 있고 어둠 속에서도 볼 수 있는 큰 눈을 가졌고 상어처럼 생긴 짐승 타니파는 종종 인간을 공격해 잡아먹곤 했다. 다행히도 낮에는 호수나 깊은 강의 바닥으로 내려가 동굴 속에 잠들어 있었다.

어느 날 잠에서 깨어난 타마 레레티는 배가 고파서 아침으로 먹을 물고기를 잡으러 가기로 했다. 고기잡이에 쓸 도구들을 챙긴 후 카누를 타고 호수로 나간 그는 부드러운 남풍을 이용해 돛을 올리고 그가 즐겨 찾는 낚시 장소까지 노를 저었다. 호숫가에서 반 시간 정도 떨어진 그곳에서 그는 큰 물고기 세 마리를 잡았다. 하지만 집으로 돌아가려고 마음먹었을 땐 바람이 거세게 불고 있었다. 그는 바람이 잠잠해질 때까지 기다리며 카누 바닥에서 잠깐 낮잠을 청하기로 했다. 깨어나 보니 젊은 전사는 호수의 북쪽 끝에 와 있었고, 무척 배가 고팠다. 그는 카누를 호숫가에 대고 작은 모닥불을 피운 다음, 즙이 뚝뚝 떨어지는 물고기를 꼬챙이에 끼워 구웠다. 그림자가 길어진 걸 보니 곧 해가 질 모양이었다. 어두워지기 전에 반대편 호숫가에 있는 집까지 돌아가기는 어려워 보였다. 설상가상으로 조금만 있으면 타니파가 먹이를 찾아 물 밖으로 나올 터였다.

타마 레레티는 호숫가 통나무에 앉아 고민에 빠져 있다가, 물가의 축축한 조약돌들이 석양빛에 반짝이는 모습을 보았다. 그때 한 가지 묘안이 떠올랐다. 카누에 가능한 한 많은 조약돌을 싣고 호수로 나간 그는 와이카토강이 호수에서 흘러나가 비를 만들기 위해 하늘로 올라가는 길목까지 노를 저어 갔다. 하늘로 들어가는 거센 물살을 따라가며 타마 레레티는 조약돌을 밖으로 던지기 시작했다. 카누가 지나간 자리는 은하수가 되었고, 조약돌들은 그의 길을 밝혀주는 별이 되었다. 동이 트고 마지

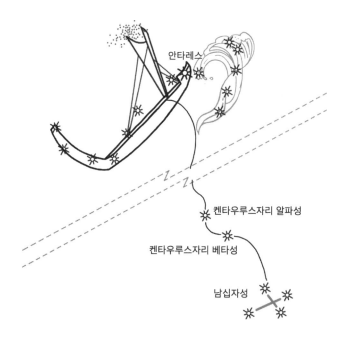

▌ 뉴질랜드 원주민의 별자리인 타마 레레티의 카누.

막 남은 조약돌까지 다 던졌을 때, 강이 내려가는 동쪽으로 그의 언덕 마을이 보였다.

한편 하늘의 아버지 랑기누이는 타마 레레티가 아름다운 광경을 만들어내고 사람들이 밤에도 편히 다닐 수 있게 별을 만든 것을 크게 기뻐했다. 랑기누이는 전사에게 그의 경이로운 창조를 기리는 뜻에서 그의 카누를 별들 사이에 두면 어떻겠느냐고 물었다. 타마 레레티가 동의하자 랑기누이는 전갈자리의 머리에 있는 별들로 뱃머리 장식물을 만들었다. 안타레스(전갈자리의 알파성)는 뱃머리에 부딪는 파도의 꼭대기가 되어, 정교하게 조각된 뱃머리 기둥을 물 위로 들어올린다. 전갈자리의 꼬리에 있는 별들은 뱃고물에 해당한다. 은하수의 밝은 항성운은 돛의 윤곽을 그린다. 닻줄은 켄타우루스자리의 알파성과 베타성을 거쳐 남십자성에서 끝나는 꾸불꾸불한 별들의 길을 따라간다. 남십자성은 은하수 남쪽의 빠른 물살 속에서 타마 레레티의 카누를 제자리에 붙들어두는 닻 역할을 한다.

마오리족에게 은하수가 반짝이는 조약돌들이라면, 힌두교도에게는 헤엄치는 돌고래 떼, 핀란드인에게는 한 무리의 날아가는 새다. 아르메니아인은 어느 도둑이 건초 더미를 훔쳐 달아나다가 일부를 잃어버린 거라고 상상한다. 체로키족은 개가 옥수수 가루 한 자루를 훔쳐 달아나다가 흘렸다고 생각한다. 헝가리인에게 은하수는 기사가 전장으로 서둘러 떠날 때 말편자가 돌바닥에 일으키는 불꽃이다. 줄루족은 은하수를 암소의 배로 생각하며, 고대 그리스인은 아기 헤라클레스가 엄마의 젖꼭지를 너무 세게 빠는 바람에 하늘로 튀어버린 젖으로 이해했다. 우리 현대인에게 은하수(암흑운이 여기저기 긴, 희미한 빛으로 하늘을 감싸는 반짝이는 띠)란, 10만 광년의 공간에 퍼져 있는 2,000억 개의 태양과 수백만 개의 태양계가 함께 살고 있는 집, 우리 은하다. 나선형으로 휘어진 채 아주 얇은 원반 모양으로 우리를 둘러싸고 있는 은하수는 그저 별을 박아놓은 도로처럼 보인다. 은하수를 이루고 있는 별들은 너무 멀리 있어서, 쭉 이어진 배경처럼 한데 뒤섞여버린다.

선조들이 우리 은하를 항상 이런 식으로 본 건 아니다. 지혜로운 아리스토텔레스는 은하수를 미풍이 하늘로 실어보낸 습지 가스라고 생각했다. 망원경이 발명되고 한참 지나서야 관측자들은 그 분산된 빛이 별들이라는 걸 알았고, 1920년이 되어서야 천문학자들은 '성운의 왕국'(우주의 팽창을 발견한 천문학자 에드윈 허블의 말을 빌리자면)에 있는 '우리 집'이 우주 전체를 구성하고 있는 수십억 개의 나선형과 타원형의 바퀴들 가운데 하나라는 사실을 이해하게 되었다.

북반구에서 하늘을 관찰하는 사람들은 늦여름 저녁에 빛나는 은하수의 가장 밝은 부분이 남쪽 하늘을 가로지르며 남북으로 길게 뻗어 있는 모습을 쉽게 목격할 수 있다. 은하수는 백조자리(북십자성)를 쭉 지나고, 남쪽으로 독수리자리를 통과한 다음, 궁수자리로 들어가면서 더 넓어지고 환해진다. 궤도의 중심에서 벗어나 있는 위치에서 궁수자리를 바라보면, 우리의 시선은 렌즈 모양을 하고 있는 은하수 원반의 중심을 향해 2만 5,000광년 뻗어가게 된다. 은하수 팽대부(중심부)는 은하수 질량의 4분의 3을 차지하고 있으며, 별을 태어나게 하는 성간 가스*와 먼지도 많이 함유하고 있다. 그 먼지를 싹 다 날려버릴 만큼 거대한 부채가 있다면, 우리는 은하수의 빛으로 책도 읽을 수 있을 것이다.

은하수 중심부는 빛나는 길의 위협적인 간이역이다. 그곳에는 수많은 초신성이 폭발하고 있을 뿐 아니라, 초거대 질량의 블랙홀도 있다. 이렇게 살벌한 동네라니! 우리 은하는 가정을 꾸리고 살기에 안전한 곳은 분명 아니다. 다음으로 은하수는 전갈자리를 가로지른다. 북반구에서 남쪽으로 저 멀리까지 볼 수 있는 사람은 은하수가 켄타우루스자리와 남십자성을 통과한 후, 큰개자리와 작은개자리, 쌍둥이자리, 오리온자리 사이의 별들을 거쳐 다시 북쪽으로 돌아가는 모습을 볼 수 있다. 이제 은하수는 황소자리와 마부자리를 지난다. 이때 우리는 은

---

* 별과 별 사이의 공간 대부분을 차지하는 기체.

하수 중심부와 정반대 방향을 바라보게 되기 때문에 은하수가 얇고 어두워 보인다. 페르세우스자리와 카시오페이아자리에서 은하수의 일주는 마무리된다.

황도대와 마찬가지로 은하수 역시 지구의 회전면과 일치하지 않기 때문에 뜨고 질 때 불안정하게 흔들리는 것처럼 보인다. 24시간 동안 별들의 움직임을 관찰해보면, 은하수는 가파른 경사 때문에 황도대보다 흔들림이 더 심하다(황도대는 23.5도, 은하수는 60도로 기울어져 있다). 초가을 땅거미가 질 때 머리를 남쪽으로 두고 누워 있다고 상상해보자. 그러면 은하수가 우리 머리 위를 지나가면서 북동쪽에서 남동쪽으로 널따랗게 뻗어 있는 모습을 볼 수 있다. 자정이 되면 동쪽에서 서쪽으로, 새벽에는 북서쪽에서 남동쪽으로 뻗어 있다. 밤마다 계속 지켜보면 그 위치가 변한다는 사실을 알아챌 수 있는데, 초봄에는 정반대로 뒤집힌다. 은하수가 거의 납작하게 누운 채 지평선을 따라 지나갈 때도 있다(예를 들면 초봄의 자정 무렵). 은하수의 복잡한 움직임을 제대로 감상하려면 1년 내내 지켜봐야 한다. 4계절 동안 관찰하다 보면, 마치 유리 테이블 위에서 빙빙 돌고 있는 동전의 테두리를 밑에서 바라보는 것 같은 느낌이 들 것이다. 그도 그럴 것이, 고대 마야인들은 은하수가 하늘과 지하세계를 땅과 연결해주는 비비 꼬인 탯줄이라고 생각했다. 안타깝게도 도시의 환한 불빛 때문에 우리 대부분은 마야인들이 유카탄반도의 어두운 하늘에서 볼 수 있었던 광경을 놓치고 있다.

현대의 일부 마야인들은 은하수를 하늘에 난 거대한 길로 여긴다. 예를 들어 초르티족은 은하수를 '카미노 데 산티아고', 즉 '성 야고보의 길'(사도 성 야고보의 무덤까지 이어지는 스페인의 순례길)이라고 부른다. 그들은 특히 해와 은하수의 상대적인 위치에 주목한다. 다른 마야족들은 조물주인 최초의 아버지와 노 젓는 신들이 카누를 타고 하늘의 강인 은하수를 건너 지하세계인 시발바를 드나든다고 생각한다. 『포폴 부흐Popol Vuh』(충고의 서)*에 실려 있는 마야의 그림과 조각들은 천지창조 설화를 이야기하면서 은하수를 주된 소재로 삼고 있다. 황도대를 머리 둘 달린 뱀으로 묘사하고, 그 뱀과 은하수가 교차하는 위치에 있는 별자리들, 즉 오리온자리·황소자리·쌍둥이자리를 특히 중요하게 부각한다. 먼저 우주 거북이의 등껍질(오리온의 허리띠)에서 다시 태어난 최초의 아버지가 세 돌 화로에 불을 붙인다. 돌 화로는 오리온 대성

---

* 과테말라의 서부 고지대에 있는 키체 마야 왕국의 신화, 전설, 역사를 집대성하여 기록해 놓은 문집.

운을 포함한 오리온자리의 하부에 해당한다. 그런 다음 거대한 세계수世界樹(은하수의 또 다른 호칭)를 만드는데, 처음에는 악어의 모습을 하고 있다. 플레이아데스성단은 심기만 하면 많은 열매가 달리는 세계수로 자랄 한 줌의 씨앗을 상징한다. 플레이아데스성단이 천정을 지나고 몇 시간 후면 우주의 불에서 피어오른 은하수가 남북으로 서서 상공을 지난다. 해마다 창조 시계의 태엽이 되감기고 이야기는 다시 시작된다.

고고학자들이 발견한 고대 마야의 글과 조각은 하늘 탄생 설화를 뒷받침해준다. 티칼 유적지에서 발굴된 뼈 조각품들은『포폴 부흐』에 등장하는 한 쌍의 신들, 노 젓는 재규어와 노 젓는 가오리를 표현한다. 그들은 어린 옥수수 신을 카누에 태우고 은하수를 건너 창조의 장소로 향하고 있다. 은하수가 세계수로 위장한 채 남북으로 똑바로 서 있다가 지평선 가까이 내려간 다음 동서 방향으로 누워 지하의 우주 괴물인 악어가 되면, 지상의 관찰자들을 위한 세계 창조의 이야기가 펼쳐진다.

안데스산맥 고지대에서 은하수는 물의 흐름과 관련이 있다. 해발 4,500미터 이상의 지형이 160킬로미터나 이어지는 환경이라면, 폭우가 내린 후 금세 사라져버릴 수도 있는 귀한 물의 움직임에 촉각을 세우는 것은 당연한 일이다. 언제 하늘에서 물이 내려올까, 물이 어느 쪽으로 갈까, 어떻게 하면 물을 최선의 방법으로 이용해 우리 곡물을 키울 수 있을까?

잉카족은 먼 옛날 조물주인 폭풍우의 신 비라코차(여전히 사용되고 있는 케추아어로, '바다의 거품'이라는 뜻이다)가 티티카카 호수(볼리비아)에서 나왔다고 말한다. 그는 하늘을 건너 바다(에콰도르 연안)로 들어갔다. 잉카제국의 수도였던 쿠스코(페루) 근처의 미스미나이 마을에 사는 주민들은 바다로 물을 실어다 주는 빌카노타강이 지평선과 교차하는 지점에서 은하수, 즉 마유Mayu*의 형태로 하늘로 돌아간다고 말한다. 하늘의 강은 빌카노타강과 같은 방향으로 흐른다. 스페인의 예수회 선교사이자 작가인 베르나베 코보가 그 이야기를 들려준다.

> 그들은 우리가 여기 밑에서 보고 은하수라 부르는 흰 띠를 거대한 강으로 여기고, 그 강이 하늘의 중심부를 지나간다고 말한다. (……) 그들은 이 강이 땅 너머로 흐르는 물을 끌어올린다고 믿는다.

* 고대 잉카어로 '은하수'를 뜻한다.

오늘날 페루의 미스미나이 마을에서 은하수는 하늘의 상황으로 지상을 파악하는 가장 중요한 시각적 도구로 쓰인다. 그곳에서 건기의 이른 저녁에 처음 모습을 드러내는 은하수는 북동쪽에서 서남쪽으로 뻗어 있다. 우기 동안에는 동남쪽에서 북서쪽으로 흐르는데, 양쪽 끝이 빌카노타강과 일치하여 하늘의 물을 땅으로 돌려보내 준다.

주민들은 4계절마다 은하수 근처에 있는 특정한 밝은 별들, 즉 '차스카'가 나타나고 사라지는 때를 기록함으로써 시간과 공간을 연결한다. 지금의 순례자들이 우기에 은하수의 중심축을 따라 참배를 떠나듯, 스페인에 정복당하기 전 잉카의 사제들도 쿠스코에서 빌카노타강의 원천까지 바로 그 길을 따라 걸어갔다. 순례자들은 신들에게 제물을 바치기 위해 땅의 은하수를 걷는다. 지금도 매년 6월이 되면 관광객을 비롯한 5만 명 이상의 사람이 빌카노타산맥에 있는 6킬로미터 높이의 아우상가테산으로 코이요리티 순례를 떠난다. 그 산에서 녹고 있는 빙하는 물이 귀한 안데스산맥 사람들에게 여전히 효자 노릇을 하고 있다.

안데스산맥에서 동쪽으로 내려와 열대우림의 아마존강으로 들어가도 물은 여전히 신성한 존재다. 아마존강의 북서쪽 유역에서 수렵과 채집, 낚시로 생활하는 바라사나족은 외부인들에게 그들이 세상의 중심부에 살고 있다고 말한다. 그들의 주장을 들어보면 일리가 있다. 그들은 적도 지역에 살고 있기 때문에 동서 양쪽에서 별들이 수직으로 움직이는 모습을 날마다 볼 수 있다. 봄과 가을의 첫날에는 태양이 바로 머리 위를 지나간다. 그들은 별을 '우주 사람들(우무아리 마사)'이라고 부른다. 바라사나족의 믿음에 따르면, 자신들은 태초의 태양이 창조한 아이들이며 죽고 나서 부활해 불멸성을 부여받았다. 창조 과정의 이 두 번째 단계는 유한한 인간 세상과 정반대되는 땅 아래의 시공간에서 이루어진다. 우리가 햇볕을 쬘 때 그들의 세상은 어두컴컴하다. 우리의 강이 동쪽에서 서쪽으로 흐를 때 그들의 강은 서쪽에서 동쪽으로 흐른다. 그들은 남자와 여자, 땅과 물 등 상반되면서도 서로 보완해주는 것들을 하나로 잇는다.

바라사나족에게 가장 중요한 우주 사람들은 은하수, 즉 별의 길(니요코아 마)에 살고 있다. 서쪽의 안데스 산맥 이웃들과 비슷하게, 바라사나족도 은하수를 두 부분으로 나눈다. 남동쪽에서 북서쪽으로 뻗어 있는 새 길과 북동쪽에서 남서쪽으로 이어지는 옛 길이 있다. 우리의 황도대에 동물들이 있듯, 그들 은하수의 두 구역에도 각각 열 명의 주민이 살고 있다. 가장 중요한 것은 우두머리 별자리들이다. 플레이아데스성단은 새 길을, 전갈자리는 옛 길을 책임지는 대장이다.

플레이아데스성단은 여자 샤먼이다. 그녀는 자기 별들을 이루고 있는 나무 조각들을 이용해 숲에 불을 지르고 그곳을 비워 별의 들판을 만들었다. 11월에 플레이아데스성단이 나타나면, 비가 그치고 남자들이 숲을 일구기 시작할 때가 왔다는 뜻이다. 은하수 새 길의 주민들이 밤하늘을 밝히면, 이를 신호 삼아 바라사나족은 생계를 위해 필요한 일을 하고 그들의 도움에 감사하는 뜻으로 음식을 바친다. 새 길의 별자리들은 물고기 훈제걸이(히아데스성단), 손도끼(오리온자리의 허리띠와 검), 자쿤다 물고기(리겔 주변 구역), 가재(사자자리) 등등 좋은 것들을 몰고 왔다.

하지만 건기가 되면 옛 길이 전갈(전갈자리, 이리자리, 천칭자리), 독사(남쪽왕관자리), 독수리(독수리자리) 그리고 벌떼에 쏘여 죽은 '별의 여자'의 시체(돌고래자리)를 데려와 위험을 경고한다. 별의 여자는 유성이 되어 땅으로 떨어진 다음 다시 살아나 인간과 결혼하고 하늘로 올라갔다가 하늘 뱀에게 물려 또 죽었다고 한다.

12월 중순에 어스름이 지면, 바라사나족의 어른과

아이들은 모두 오두막 밖으로 나와 가족끼리 앉아서 은하수를 올려다본다. 특히 지평선 양쪽 끝에 있는 별의 길들을 집중적으로 관찰한다. 그들 앞의 동쪽에서는 플레이아데스성단이 떠오르고, 그들의 어깨 뒤로는 전갈자리가 진다. 동쪽 별들이 수직으로 올라오는지도 그들의 큰 관심사다. 그 별들이 떠오르면서 비를 거둬가기 때문이다. 그들은 은하수를 여기 지상의 아마존강이 하늘로 이어진 젖의 강으로 본다. 하늘이 동쪽 땅과 만나는 곳에서 거대한 폭포가 떨어져 아래 세상에 귀중한 물을 내려보내 주고, 지하세계의 강은 그 물을 다시 하늘로 올려보낸다. 올라간 물은 반대쪽에 있는 산들로 흘러내리며 되돌아온다. 물은 온 우주를 고리 모양으로 돌고 돈다.

바라사나족은 수동적으로 지켜보기만 하지 않고, 은하수의 별들이 제 경로를 따라 움직이도록 재촉하는 춤을 춘다. 세상의 중심을 상징하는 구역을 열 명씩 두 줄로 에워싸는 춤이다. 한 줄은 왼쪽에서 오른쪽으로, 다른 줄은 오른쪽에서 왼쪽으로 움직여 별들의 움직임을 흉내낸다. 밤새도록, 아니면 적어도 동이 트면서 별빛이 희미해질 때까지 춤은 계속 이어진다.

땅에서든 하늘에서든 생명력이 넘쳐나는 바라사나족의 자연계를 외부인의 시각으로는 쉽게 이해할 수 없다. 열대 지방에는 엄청나게 다양한 생물이 서식하고 있다. 전체 생물 종의 90퍼센트가 바라사나족이 사는 열대 우림 지역에 집중되어 있다. 바라사나족은 인간의 행동이 세상을 움직일 수 있다고 생각한다. 그것은 하늘을 관찰하는 관습에 근거한 바라사나족의 신앙 체계 때문이기도 하다.

하지만 그들의 신앙 체계를 이해하기가 그리 어려운 것도 아니다. 예를 들어 우리 위의 하늘이 단단한 반구형 지붕이며 어쩌면 만날 수 있을지도 모를 사람들이 그곳에 살고 있다는 바라사나족의 개념은, 천문학자들이 "생명체가 거주할 수 있는 곳의 광활한 바다"를 거론하며 외계 생명체의 가능성을 이야기하는 서양의 논리와 크게 다르지 않다. 오지브와족의 창조신 마나보조는 사람들에게 이렇게 단언한다. "이 일이 벌어질 때 사람들이 걸어갈 수 있는 길을 만들리라." '이 일'이란 모든 인류의 호기심을 자극하는 미스터리, '죽음'이다. 사람은 왜 죽을까? 그 후엔 무슨 일이 벌어질까? 우리는 어디로 갈까? 그곳에 어떻게 갈까? 오지브와족의 전설에 따르면, 마나보조의 형제가 물의 정령에게 익사 당해 최초로 죽었고, 그렇게 해서 세상에 죽음이라는 것이 생겼다.

마나보조는 겁에 질린 사람들에게 죽음에 관한 해

답을 들려주었다.

'이 일'이 벌어지면 사람들은 이렇게 하리라.

그는 저녁노을을 향해 떠났다. 가는 도중에 네 장소의 표지판을 만들었다. 가는 길에 네 가지 '영적 힘'을 놓았다. 오른편에는 수달을, 왼편에는 올빼미를, 뱀과 통나무가 있는 강 양쪽에는 언덕들(뱀들)을…… 그런 다음 험악하고 영원한 짧은 통로와, 저녁노을 너머 하늘 뒤편까지 쭉 이어지는 긴 통로로 길이 갈라진다.

사람이 마지막으로 눈을 감으면 그림자가 몸을 떠나 이 길을 떠나게 된다. 표지판을 만나면 제대로 가고 있다는 뜻이다. 바람 부는 컴컴한 굴이 나올 것이고, 그 다음엔 '우리 할머니'가 그를 네 노인 '우리 할아버지들'에게 안내한다. 노인들은 반은 붉고 반은 푸른 강을 어디서 건너야 할지 알려준다. 그는 강가 근처에서 발견한 큼직한 통나무를 다리로 사용한다. 강을 건너면, 영혼들의 길(은하수) '치파이 메스케나우'로 올라가는 법을 전달받는다.

체로키족은 영혼의 길로 들어가는 입구를 개의 별인 시리우스와 안타레스가 지키고 있다고 말한다. 지평선의 양쪽 끝에서 접근할 수 있는 바로 그 통로에서 은하수와 우리의 세상이 만난다. 하지만 그들에게 바칠 음식을 충분히 가져가지 않으면 입구를 통과하지 못한다(라코타족의 손 별자리 이야기처럼, 살아 있을 때 신들에게 제물을 잘 바치지 않으면 죽어서 곤란한 상황에 처하게 된다는 교훈을 담고 있다). 중요한 것은 은하수로 들어가는 출입구를 놓치지 않게 시간을 잘 맞춰야 한다는 점이다. 너무 빨리 혹은 너무 늦게 뛰어내리면 물속으로 떨어져 아래 세상에 빠지게 된다. 매일 밤 은하수가 지평선과 거의 평행이 될 정도로 낮게 내려오는 단 몇 분밖에 기회가 없다.

아프리카 예술, 특히 조상의 모습을 조각한 작품을 자세히 들여다보면, 뒷덜미에서 몸 앞쪽으로 넘어와 배꼽까지 이어지는 선과 뒷덜미에서 척추를 따라 내려가는 선으로 장식되어 있다는 것을 알 수 있다. 치유 모임에 입문한 회원들의 척추에도 똑같은 패턴의 선이 칼로 새겨진다. 임신부의 배에도 수직으로 선이 나타난다. 아프리카인들은 그 선이 우주를 둘로 나누고 왼쪽과 오른쪽의 조화로운 균형을 만들어낸다고 해서 '물랄람보'라 부른다.

　　타브와족 원주민인 한 민족지 학자에 따르면, 콩고 동부의 풀로 뒤덮인 탕가니카 호수 연안에 사는 타브와족은 하늘을 장엄한 건축물, 단단하고 둥근 천장으로 생각한다. 그들이 둥근 집의 지붕을 기둥으로 고정하듯, 땅의 끝 지점들에 세운 구리 기둥이 하늘 천장을 떠받치고 있다. 하늘을 나누는 물랄람보는 은하수이며, 그 대칭선은 그들의 거대한 호수까지 이어진다. 호수는 바람이 만나는 곳에서 두 구역으로 나뉘어, 양쪽에서 서로 다른 물고기가 잡힌다. 대칭선에서는 충돌이 일어나기 때문에 물랄람보 부근의 물고기들은 더 크고 사납고 공격적이다. 은하수는 하늘의 중심부를 가로지르는 길로 우주의 원을 완성한다. 또한 타브와족을 제일 처음 탕가니카 호수 연안으로 이끈 영웅 키윰바가 땅과 하늘 모두에서 따라간 '신의 길'의 일부이기도 하다. 과학기술의 출현과 함께 우주의 물랄람보는 시계에 비유되기도 했다. 타브와족 사냥꾼들은, 지평선 위로 둥글게 구부러진다는 이유로 은하수를 '밤의 활'이라 부른다. 그들은 은하수를 '우리의 시계'라고도 부르며, 마치 손목시계의 바늘처럼 은하수가 돌아가는 각도를 통해 밤의 시간을 파악한다.

고대 당나라 사람들은 은하수가 왕국의 강인 황하黃河와 한하漢河를 보완하는 수로라고 생각했다. 여름 계절풍이 물러간 후부터 칙칙한 겨울이 오기 전, 그러니까 반짝이는 하늘 물이 바람에 일렁이지 않는 초가을 동안 은하수에 가장 잘 접근할 수 있다.

당나라 때 지어진 한 시는 황하 옆에 사는 남자의 집 근처 연안에 매년 늦여름만 되면 나타나는 텅 빈 뗏목에 관한 이야기를 들려준다. 그 뗏목은 단 이틀만 머물다가 강으로 떠났다. 남자는 그것이 어디로 가는지 궁금해 올라타고 싶은 유혹을 종종 받았지만, 해마다 망설이기만 했다. 그러던 어느 날 "기이한 야심에 사로잡힌" 그는 뗏 목에 식량을 가득 싣고 강으로 떠났다. 수평선 끝에서 그 는 황천黃天으로 떠올라, 열흘 동안 해와 달, 행성들 사이 를 여행 다녔다. 점점 해도 달도 행성도 뒤로 사라지고, 이제는 낮인지 밤인지도 분간이 되지 않았다. 급기야 별 들이 반짝이는 배경마저 희미해졌다. 열흘 더 떠돌아다 니다 그가 도착한 곳은 문명화된 곳처럼 보이는 연안이 었다. 성벽 안으로 집과 성채와 커다랗고 인상적인 건물 들이 보였다. 하늘에 있는 거대 도시였다. 얼른 뗏목에서 내린 그는 소에게 물을 먹이기 위해 강에 들른 한 남자와 마주쳤다. 그 남자는 깜짝 놀란 표정으로 물었다. "여기 서 뭐 하는 거요? 어디서 오셨소?" 우리의 주인공은 다른 문명이 존재하는지 궁금해서 은하수 너머로 여행하고 있 다고 답했다. 그런 다음 이렇게 물었다. "여기는 어딘지 요?" 곧장 퉁명스러운 답이 돌아왔다. "당신이 왔던 곳으로 돌아가시오. 여기는 당신이 있을 곳이 아니오."

결국 우주 항해자는 육지에 오르지 못했고, 뗏목은 그를 무사히 집으로 돌려보냈다. 옛날에 어느 '이방인 별'이 '소 끄는 자'라는 은하수 별자리를 무단 침입했다는 이야기가 지금까지도 전해진다(고대 중국의 천문학에서 '무단 침입'이라는 단어는, 우리 같은 사람은 환영받지 못하는 미지의 우주 영토인 별자리를 행성이 침범한다는 의미로 쓰였다).

어느 계절이 되면 밤마다 지평선을 따라 앞뒤로 왔다갔다하고 우리가 사는 땅 가까이 떨어지기까지 하는 은하수는 쉽게 닿을 수 있을 것처럼 보인다. 땅의 강이나 길이 하늘로 이어진 듯한 모습의 은하수는 오래전부터 사람들에게 하늘로 가는 길로 들어오라며 유혹의 손짓을 보내왔다. 인류 문화가 생겨난 후로 수없이 많은 민족이 그 부름을 듣고 답했다. 앞으로도 인간은 거대한 우리 은하가 펼쳐 보이는 위대한 광경에 계속 답할 것이다. 그 옛날 야심만만한 중국 항해자가 천상의 행복을 찾아 나섰듯, 우리도 우주의 차갑고 광활한 어둠 속으로 과감히 뛰어 들어가 오래전부터 품어온 의문들의 답을 구할 것이다.

5장

암흑 성운이 만든 은하수의 검은 별자리

오스트레일리아 오트조발루크족 족장은 주민들을 잡아 먹으며 마을을 공포에 떨게 하는 거대한 에뮤* 토힝갈 때문에 골머리를 앓고 있었다. 그래서 한 쌍의 큰유황앵무인 강력한 브람 형제와 손잡고 그 짐승을 처치하기로 했다. 그들은 에뮤의 둥지까지 기어 올라가 토힝갈을 기습 공격하려 했다. 잠에서 깨어난 큰 새가 공격자들을 짓뭉개 버리려 두 발을 벌렸지만, 브람 형제는 새의 목으로, 다음엔 새의 엉덩이로 창을 날리며 차례로 공격을 가했다. 치명상을 입은 토힝갈은 북부 평원으로 비틀비틀 달아나면서 피를 흘렸다. 그렇게 흘러내린 피가 위머라

---

*   오스트레일리아산 큰 새로, 빠르게 달리지만 날지는 못한다.

강이 되었다고 한다. 남반구에 사는 사람들은 패배한 토 힝갈이 은하수에 푹 쓰러져 생긴 어두운 구멍을 볼 수 있다.

남십자성의 알파성은 에뮤의 목을 노리는 창끝, 베 타성은 에뮤의 엉덩이로 향하는 창끝이다. 십자의 꼭대 기에 있는 별은 그 소동이 일어나는 동안 에뮤에게 쫓겨 나무 위로 올라갔다가 그곳에 남아 지금까지도 야행성 동물로 살고 있는 주머니쥐다. 그렇다면 브람 형제는 어 디 있을까? 그들은 켄타우루스자리의 밝은 알파성과 베 타성이다. 토힝갈을 쓰러뜨린 정복자들은 새의 깃털을 모조리 떼어낸 다음, 두 무더기로 쌓아놓았다. 한 무더기 의 깃털은 수컷 에뮤가, 다른 무더기는 암컷 에뮤가 되어 거대한 짐승의 뒤를 이었다. 에뮤의 깃털을 자세히 들여 다보면 그 태생을 알려주는 듯 가운데에 선이 또렷이 남 아 있다.

오스트레일리아 뉴사우스웨일스주의 카밀라로이족 과 에우알라이족은 토힝갈을 알지 못한다. 대신 이 부족 들은 오지에 천막을 쳐놓고 아내와 함께 살았던 한 맹인 을 기억한다. 날마다 아내는 밖으로 나가 에뮤의 알을 훔 쳐와야 했다. 아무리 많이 가져와도 남편은 만족하지 못 하고 너무 적다며 불평을 해댔다. 어느 날 그녀가 유별나게 큰 에뮤의 발자국을 발견하고 따라가 봤더니, 큼직한 알이 가득 든 둥지를 거대한 수컷이 지키고 있었다. 그녀가 에뮤를 쫓아내려고 돌을 던지자 에뮤는 발가락이 셋 달린 근육질 발로 그녀를 차서 죽여버렸다.

아내가 돌아오지 않아 허기진 맹인은 슬슬 걱정이 되기 시작했다. 주변을 손으로 더듬다가 간신히 붙잡은 덤불에는 잘 익은 산딸기가 잔뜩 달려 있었다. 산딸기를 먹자 기적처럼 그의 시력이 돌아왔다. 그는 창을 한 다발 집어들고는 사라진 아내를 찾아 나섰다. 짓뭉개진 아내의 시신 옆에 서 있는 거대한 에뮤와 마주친 그는 곧장 새를 향해 창을 날렸다. 지금 그곳에는 유백색 빛을 배경으로 거대한 새의 위협적인 형체가 어슴푸레 보인다.

오스트레일리아 원주민은 선조들이 우리의 현재 세계를 창조한 시대를 가리켜 '꿈의 시대'라 불렀다. 그들은 자신들의 설화를 '꿈꾸는 이야기'라 부르며, 이 이야기들이 지금까지 존재하는 특별한 장소와 피조물에게 의미를 부여한다고 믿는다. 하늘의 에뮤 같은 이야기는 큰 사랑을 받으며 전해 내려왔다. 오스트레일리아의 하늘에 떠 있는 에뮤는 남쪽 하늘의 4분의 1을 차지하며 쭉 뻗어 있다. '석탄자루'라 불리는 어두운 지점에 짐승의 머리가 있고, 거기서부터 남십자성을 지난 다음 은하수의 캄캄한

오스트레일리아 원주민의 '하늘의 에뮤' 별자리는 남반구 은하수의
어두운 부분들이 만들어내는 형태들로 이루어져 있다.

구역을 가로질러 전갈자리까지가 새의 몸통에 해당하고, 궁수자리의 밝은 항성운은 에뮤가 품고 있는 알들이다.

에뮤의 계절에 따른 움직임은 '꿈의 시대' 신화에 활기를 불어넣는다. 하늘 속 에뮤의 머리는 천구의 남극에 가깝기 때문에 오스트레일리아에서 매일 밤 볼 수 있지만, 거대한 몸 전체를 보려면 4월과 5월까지 기다려야 한다. 그때 천상의 에뮤가 밤하늘을 가로질러 날아가는데, 암컷이 수컷을 미친 듯 쫓아가는 에뮤의 짝짓기 철과 일치한다. 이 시기에 보이는 에뮤의 자세는 맛 좋은 알을 곧 얻을 수 있다는 신호가 되기도 한다. 7월에 에뮤의 다리는 지평선 아래로 사라지고, 우주의 거대한 새는 둥지에 앉아 알을 품는 수컷으로 변한다. 궁수자리에 있는 삼엽성운의 바로 북쪽에 마치 알이 모여 있는 것처럼 보이는 밝은 성단이 있으며, 9월은 알을 채집할 수 있는 마지막 달이다. 이 시점에 거대한 에뮤의 머리와 목은 '땅속에서' 두 발과 이어지고, 에뮤의 몸통만 지평선에 걸쳐져 하나의 알로 변신한다. 카밀라로이족과 에우알라이족은 알들이 부화한 직후 남성의 성인식을 치른다. 수컷이 에뮤의 알을 새끼로 부화시키듯, 부족의 어른들이 남자아이들을 성인의 세계로 맞아들이는 것이다.

은하수는 희미한 별빛 줄기들로만 이루어진 것이 아니

다. 한때 천문학자들이 별들 사이의 빈 공간이라 생각했던 어두운 길과 얼룩들이 별들의 카펫에 무늬처럼 들어가 있다. 20세기 초반에 들어서야 천문학자들은 자연이 진공상태를 지독히도 싫어한다는 아리스토텔레스의 생각이 옳았음을 깨달았다. 이 어두운 공간에 보이는 몇 안 되는 희미한 별들은 마치 그들의 색깔을 바꿔놓은 매개체 뒤에 숨어 있거나 아니면 그 속에 박혀 있는 것처럼 지나치게 붉어 보였다(해가 뜨거나 질 때 작은 입자들이 대기로 흩어져서 더 붉어 보이는 것과 거의 같은 이치다). 은하수를 관통하는 별빛을 심층적으로 연구해 봤더니, 나선팔* 안의 성간 물질 속에 수소와 단순 분자 가스가 많이 함유되어 있었다.

은하수가 황도대와 교차하는 혼잡한 지점이 황소자리다. 황소자리에서 시작되는 반짝이는 하늘 길을 따라가다가 페르세우스자리와 카시오페이아자리를 지나가면, 빛나는 배경 위로 검은 부분이 몇 군데 보인다. 남쪽으로 내려갈수록 암흑 성운은 더 눈에 띄고 윤곽도 더 또렷해진다. 이곳에는 '거대한 틈', '검은 강' 같은 이름까지 붙었고, 백조자리에서 독수리자리를 거쳐 궁수자리까지

*   나선은하의 중심부에서 소용돌이 모양으로 뻗어 나오는 두 갈래 혹은 그 이상의 팔과 같은 구조.

뻗어 있는 어스름한 길은 '북쪽 석탄자루'라 불린다. '거대한 틈'에는 지구 질량의 10억 배나 되는 성간 가스와 먼지가 들어 있다.

전갈자리를 지나 북반구에서는 잘 보이지 않는 곳에 은하수의 가장 뚜렷한 암흑 성운인 '석탄자루'가 있다. 보름달의 40배 정도 되는 크기로, 켄타우루스자리 일부와 남십자성에 걸쳐 있다. 서양인들은 암흑 성운을 별자리라 부르지 않지만 남반구, 특히 오스트레일리아와 남아메리카의 이야기꾼들은 '거대한 틈'과 '석탄자루'를 비롯한 수많은 암흑 성운들에 다양한 이름과 의미를 부여했다.

잉카족과 스페인인 사이에 태어난 16세기의 역사학자 펠리페 구아만 포마 데 알라야는 '석탄자루'와 그 주변에 관해 다음과 같이 썼다.

그들은 점성술사들이 은하수라 부르는 곳에 퍼져 있는 몇몇 어둑한 부분을 바라보며, 새끼 양에게 젖을 먹이고 있는 암양의 형체를 상상했다. 그들은 양을 가리키며 내게 알려주려 애썼다. "암양 머리가 보이지 않습니까? 젖을 빨고 있는 새끼 양의 머리는 저기 있잖아요. 어미와 새끼의 몸과 다리는 저기 있고요." 하지만 내게 보이는 거라곤 점들밖에 없었는데, 아마도 내 상상력이 부족한 탓이었을 것이다.

여기서 말하는 암양은 혹 없는 낙타, 즉 라마다. 안데스산맥 고지대에 꼭 필요한 라마는 사회성이 강하고 똑똑한 동물로 떼를 지어 산다. 대개 원주민 여성들이 그들을 돌본다. 라마는 자기 몸무게의 3분의 1 되는 짐까지 실어 나를 수 있다. 아주 보드라운 라마 털로는 두툼한 의복과 결승문자(고대 잉카족이 기록 보관을 위해 줄의 매듭을 사용해 표현한 문자)를 만들 수 있다.

천상의 라마 '야카나'는 지상의 라마를 만들고 생명을 불어넣어 준다. 한 원주민은 또 다른 연대기 작가에게 이렇게 말했다. "우리 원주민 눈에는 야카나의 모습이 검은 점으로 또렷이 보입니다. 야카나는 은하수 안에서 움직이지요. 야카나는 크답니다, 굉장히 커요. 하늘을 가로질러 우리에게 가까워질수록 점점 더 검어지고, 두 눈과 아주 굵은 목을 가지고 있어요. 새끼도 한 마리 있지요. 마치 새끼가 젖을 빨고 있는 것처럼 보여요." 자세히 보면, 새끼 라마가 탯줄을 통해 여전히 어미와 연결되어 있다는 것을 알아챌 수 있다. 남십자성 부근의 '석탄자루'가 어미 라마의 몸을 이루고 있다. 어미 라마의 반짝이는

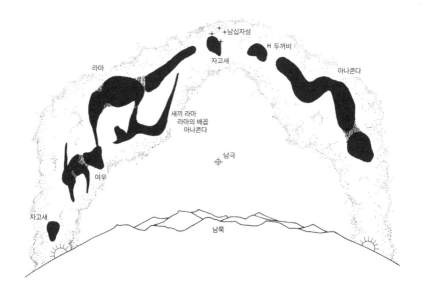

안데스산맥의 라마 암흑 성운 별자리는 포식 동물인 여우 근처에 있다.

두 눈은 켄타우루스자리의 알파성과 베타성이다.

천상의 라마가 움직이는 패턴은 페루 고지대의 농경 달력과 밀접하게 관련되어 있다. 달마다 잉카족은 잉카제국의 수도 쿠스코로 데려온 수많은 라마 중 흰색, 갈색, 알록달록한 색 등 특정 색깔의 라마 100마리를 골라 제물로 바쳤다. 한 연대기 작가가 들려주는 이야기에 따르면, 9월(씨를 뿌리는 달)이 되면 지난해 수확기부터 들판에서 풀을 뜯어먹던 라마들을 쿠스코로 데려와 다음

해에 바칠 제물을 준비했다고 한다. 또 천상의 라마가 사라지고 다시 나타날 때 그리고 해질녘 하늘의 가장 높은 지점과 가장 낮은 지점에서 보일 때 라마를 바쳤다. 쿠스코에서 보면, 라마의 두 눈이 뜨고 지는 지점들은 도시 최남단 구역의 경계선 안에 깔끔하게 들어간다.

천상의 라마가 움직이는 모습이 안데스산맥 사람들에게 어떤 의미였는지 그리고 여전히 어떤 의미를 지니고 있는지 더 잘 이해하기 위해, 하늘에 떠 있는 것들의 움직임을 우리가 어떻게 활용해왔는지 잠시 생각해보자. 우리의 계절 달력은 365.24219일로 이루어져 있다. 23시간 56분 4초(1일)라는 지구 자전 주기가 얼마나 많이 반복되어야 지구가 태양 주위를 한 바퀴 도는 데 걸리는 시간, 즉 태양이 황도대를 한 번 쭉 지나가는 데 걸리는 시간(1년)에 들어맞는지 주의 깊게 관찰한 결과로 나온 달력이다. 1년당 1초까지 정확하게 측정된다. 가끔은 지구의 자전 속도가 느려지는 것을 만회하기 위해 윤초를 끼워넣기도 한다. 빠르게 움직이는 첨단 세상에 살면서 우리는 정확성을 사랑하게 되었다! 하지만 인간의 욕구는 역사와 함께 바뀌어왔다. 500년 전, 기술 수준이 낮은 세계에 살던 우리 선조들은 시침만 있는 시계에도 만족했다. 로마 제국 이전에는 해시계로 시간을 정해 시간마다 길이가 달랐고, 365일이라는 계절 주기 전체를 따라갈 필요가 없었다. 농부들은 그들에게 중요한 달, 즉 씨를 뿌린 후 수확이 끝날 때까지의 기간만 보름달로 계산하면 그만이었다. 로마 제국 이전 시대의 선조들은 후에 소의 임신 기간에 맞추어 1년을 305일(열 달)로 잡았다. 그들에게 가장 중요한 가축의 생애 주기에 따라 생활했으니 이해 못 할 일도 아니다. 소의 살은 그들의 먹을거리가 되고, 소의 등은 그들의 짐을 지며, 소의 털은 천을 짤 실이고, 소의 가죽은 그들의 몸을 따뜻하게 해주고, 소의 뼈는 연장을 만들 재료였다.

이와 비슷하게 잉카족은 라마가 새끼를 밴 후 출산할 때까지 걸리는 시간인 328일을 1년으로 정했다. 플레이아데스성단이 마지막으로 사라진 후 처음 재등장할 때까지의 기간인 37일을 계절 달력의 1년인 365일에서 뺐더니 역시 328일이 나왔다. 생물학과 천문학이 우연의 일치로 들어맞은 것이다.

천상의 라마 신화는 안데스산맥 지역의 관개 관행에 대해서도 우리에게 알려주는 바가 있다. 스페인의 성직자 프란시스코 데 아빌라가 주석을 단, 페루 고산지대의 16세기 문서인 와로치리 문서에는 다음과 같이 적혀 있다.

야카나(천상의 라마)는 라마의 그림자와도 같다. 이 야
카나는 한밤중에 아무도 모르게 지상으로 내려와 바
닷물을 전부 마신다고 한다. 야카나가 물을 마시지 않
으면 온 세상이 물에 잠겨버린다.

라마가 바닷물을 마시면 어떤 일이 벌어질까?

운이 좋은 어떤 남자가 있다면, 야카나가 샘의 물을 마
시는 동안 그의 바로 위로 떨어질 것이다.
털로 뒤덮인 육중한 몸이 남자를 짓누를 때 다른 누군
가가 야카나의 털을 조금 뽑을 것이다.
이 환영은 밤에 일어나리라.
아침에 동이 트면 남자는 자기가 뽑은 털을 보게 될
것이다. 자세히 살펴보면 털에 파란색과 흰색, 검은색
과 갈색 등의 색조가 두툼하게 뒤얽혀 있다.
그에게 라마가 없다면 그는 환영을 보고 털을 뽑았던
그곳에서 기도를 드리고 곧장 라마를 몇 마리 구할 것
이다. 기도를 드린 후 암컷과 수컷을 한 마리씩 구할
것이다.
그는 단 두 마리를 샀지만, 머지않아 이천, 삼천 마리

의 라마가 되리라.

옛날 옛적 야카나는 이런 식으로 이 지방의 많은 사람들에게 모습을 드러냈다.

안데스산맥의 농부들은 생명력을 불어넣어 주는 천상의 라마에게 지금도 빚을 갚고 있다. 이야기에 언급된 여러 색깔의 라마들을 특정한 때에 제물로 바친다. 갈색과 적갈색 라마는 씨를 뿌리기 시작할 때 바치고, 검은 라마는 말뚝에 묶어놓고 굶겨 계절 중간에 비를 내려달라고 기원할 때 사용했으며, 알록달록한 라마는 수확기에 제물로 바쳤다.

그렇다면 천상의 라마 야카나는 정확히 언제 물을 마실까? 10월 중순 해가 지고 나면, 세상을 삼켜버릴 듯 불어오른 강물을 마시기 위해 야카나가 수평선으로 머리를 내린다. 이때 야카나의 두 눈도 사라진다. 한 달 정도 지나면 야카나는 동쪽에서 다시 떠오르며, 라마의 털을 깎아야 할 때라는 신호를 보낸다. 이 위험한 시기에 안데스산맥의 목축민들은 갓 태어난 새끼 라마에게 세심한 주의를 기울여야 한다. 포식자들, 특히 여우를 조심해야 한다. 하늘을 올려다보면 젖을 빠는 새끼 라마 근처의 교활한 여우(아토크)가 궁수자리로 향해 있는 전갈자리 꼬리와 직각을 이루며 어미 라마를 바짝 뒤쫓고 있다. 어미 야카나는 위협적인 여우를 강력한 뒷다리로 밟아 뭉개는 듯한 자세를 취하고 있다.

안데스산맥의 하늘 강을 떠다니는 다른 암흑 성운 동물도 있다. 라마와 여우의 양옆에 있는 한 쌍의 자고새(유투), 두꺼비(안파투) 그리고 그 서쪽에 있는 거대한 아나콘다(마차콰이) 등이 그들이다. 이 천상의 동물들은 지상 동물들의 생애 주기를 따른다. 예를 들어 지상의 두꺼비들이 겨울잠에서 깨어나 울기 시작하면(더 크게 울수록 짝짓기에 성공할 확률이 높아진다) 천상의 두꺼비도 아침에 동쪽에서 떠오른다. 천상의 뱀은 남십자성에서 큰개자리의 왼편까지 이어지는 길쭉한 암흑 성운으로 이루어져 있다. 지상의 뱀들이 따뜻한 우기에 땅속에서 세상 밖으로 나오듯 천상의 뱀도 머리부터 먼저 떠오르고, 지상의 뱀이 땅속에 머물러 있는 차가운 건기가 시작되면 천상의 뱀도 땅으로 돌아간다. 천상과 지상 동물들의 생물학적이고 천문학적인 주기는 언제나 서로를 모방해왔다.

효과적인 이야기는 융통성이 있어서 개작이 가능하다. 그래서 노련한 이야기꾼들은 '신화적 대체'를 이용한다. 다시 말해 다양한 청중의 흥미를 끌기 위해 등장인물과 시나리오를 바꾼다는 뜻이다. 여우에게 쫓기는 암흑 성운 라마와 그 새끼에 관한 안데스산맥 고산지대의 신화가 좋은 예이다. 이 이야기가 동쪽으로 넘어가 아마존강 유역의 열대우림 지역으로 들어갔을 때, 맹수 여우는 은하수를 따라 초식동물 맥을 쫓아다니는 재규어가 되었다. 두 기후대 사이의 작은 언덕들에서 맥은 사슴으로 대체된다. 더 남쪽으로 내려가 칠레와 아르헨티나 남부의 그란차코 대평원에서는 별자리의 짝이 개와 레아(남아메리카 타조)가 된다. 이번에는 타조의 긴 목(라마의 목과 거의 비슷하게) 때문에 하늘에서 쫓고 쫓기는 동물의 위치가 바뀐다.

놀랄 일도 아니지만, 암흑 성운 별자리들과 관련된 이야기는 모두 남반구 문화권에서 나왔다. 아마존 주민들은 은하수를 바라보며 그곳에서 두 토착 동물이 싸움을 벌이고 있다고 상상한다. 코가 길쭉하고 꼬리에 털이 복슬복슬한 개미핥기가 먹잇감을 찾아 어슬렁거리는 사나운 재규어를 이길 가능성은 거의 없어 보이지만, 현대의 다큐멘터리 작가들은 남아메리카의 열대우림에서 그 둘이 충돌했다가 종종 무승부로 끝나는 희귀한 사례를 전하기도 한다. 개미핥기들이 보통 땅에서 벌레들을 파내는 데 사용하는 극도로 날카로운 발톱이 방어에 도움이 되는 것이다.

아마존강 서쪽 유역의 우카얄리강을 따라 사는 시피보족에게 그런 대결은 아주 친숙하다. 그곳에서 개미핥기는 나바호족의 코요테와 마찬가지로, 속임수로 재규어를 이겨 먹으려는 사기꾼 역을 맡는다. 시피보족의 이야기에서, 개미핥기는 재규어에게 물속에서 누가 더 오래 숨을 참나 대결해보자며 도전장을 내민다. 재규어는 도전을 받아들이고, 둘은 가죽을 벗어 강가에 놓아둔 다음 물속으로 뛰어든다. 교활한 개미핥기는 갑자기 물 밖으로 뛰쳐나와 재규어의 가죽을 훔쳐가 버리고, 사기당한 재규어에게 남은 것은 개미핥기가 버리고 간 털가죽뿐이다. 그 후로 두 동물은 서로의 가죽을 입고 있다고 한다.

남극 쪽에 있는 은하수의 검은 얼룩들을 올려다보면 몸싸움을 벌이고 있는 두 동물이 보인다. 개미핥기의 몸은 시커먼 석탄자루, 재규어는 바로 그 북쪽에 붙어 있는 밝은 부분이다. 하늘을 돌며 싸우는 동안, 개미핥기는 해가 진 직후 유리한 윗자리를 차지한다. 하지만 늦은 밤이 되면 위치가 뒤바뀌고, 동이 틀 때면 재규어가 유리해진다. 다음 날 밤 그들의 싸움은 다시 시작된다. 은하수에서 이루어지는 빛과 어둠의 냉혹한 만남은 그 뒤에 따라올 수 있는 변형과 정체성 위기를 나타내며, 우리 모두가 삶에서 간혹 부딪치는 '딜레마'를 상징한다.

오스트레일리아의 에뮤와 안데스산맥의 라마 같은 암흑 성운들과 마찬가지로, 콜롬비아의 데사나족이 관찰한 어둑한 별자리들도 그들 부족에게 중요한 동물들의 생애 주기를 알려준다. 예를 들어 데사나족에게 '거대한 틈'은 애벌레를 가득 싣고 밤하늘을 항해하다가 동쪽 지평선으로 내려가는 카누들이다. 그곳에서 바람이 일어 카누를 빠져나온 애벌레들은 기다란 은빛 타액처럼 땅을 기어간다. 데사나족의 샤먼들은 하늘에 이 동물이 나타나면 큰 스트레스를 받는다. 이 등장이 위험의 징후인지 알아내기 위해 생각과 느낌을 총동원해야 한다. 애벌레 떼의 등장에 맞추어 적절한 주문을 만드는 것이 그들 전문가가 해야 할 일이다. 한 인류학자와 얘기를 나눈 샤먼은 애벌레의 등장에 초조하게 반응하면서, 의식에 참여하는 사람들을 위험에 빠뜨릴 수 있는 잠재적인 해악을 가늠했다. 그리고 이 위협에서 오는 긴장감을 풀어줄 적절한 마약을 처방하려 애쓴다.

보세요, 저기 있지요? 저기 강어귀에 애벌레들의 머리가 있어요. 머리가 붉은 애벌레들이지요. 이 머리들이 나타나면 애벌레들이 카누를 타고 오고 있다는 뜻이고, 머리들이 오면 바람도 함께 온답니다. 카누는 격한 소리를 내면서 오지요. 거센 물살 같은 바람이 분답니다. 그러면 여기 있는 이들은 비호vihó*를 코로 들이마셔요. 들이마시고 빨아들이지요. 그리고 한 번 더 들이마십니다. 그런 다음 그걸 카라유루 녹말과 섞어요. 그러면 우리를 죽이려 드는 한 무리의 사람들이 환영으로 보여요. 원래 그런 거랍니다, 형제여. 그런 거예요. 그들은 자기들이 붉은 머리를 가지고 있다고 말하지요. 그리고 가시 머리를 가진 자도 있어요. 가시 머리를 가진 놈들이 악한 자들이지요. 그러고는 비호를 들이마신 사람들이 그곳에 모입니다. 그래서 천둥이 울리지요. 사람들도 그렇게 말하잖아요? 하지만 가시 머리들은 나중에 옵니다. 붉은 머리가 먼저 오지요. 이 붉은 머리들은 옛날에는 위험했지만 지금은 아니에요. 지금은 아무 소리도 안 내요. 하지만 그 다음엔 바람이 불어닥칩니다, 이 카누들의 바람이요. 카누들이 바람과 함께 오면 위험하다고들 하지요. 어찌나 위험한지 우리는 악몽까지 꾼답니다. 놈들이 떼를 지어 움

---

*   비롤라 나무의 안쪽 껍질로 만든 환각제.

직이면 우리는 혼란에 빠집니다. 그래요, 형제여. 애벌레의 카누와 여자는 역겹지요. 그래서 우리가 구역질이 나는 겁니다. 사람들이 다 그렇게 말한답니다.

6장

곰과 사냥꾼, 북극의 별자리

북극의 물개 사냥꾼, 특히 덩치 큰 사냥꾼이라면 얇은 얼음 위를 걷는 건 상당히 위험한 일이다. 옛날에 '시쿨리아크시우주이투크'라는 거구의 남자는 이 위험을 피하기 위해 실력 좋은 사냥꾼들의 포획물을 훔쳤다. 너무 자주 훔치다 보니 악명까지 얻었다. 그는 사냥에서 돌아오는 사냥꾼의 손목을 확인하는 방식으로 그들의 성과를 가늠했다. 손목이 더럽다면 물에 담그지 않았을 가능성이 높으므로 아무것도 잡지 못했다는 뜻이었다. 어느 날 해빙海氷이 정착빙만큼 두꺼워졌을 때 다른 사냥꾼들이 거구의 남자에게 밤에 함께 나가 야영을 하자고 설득하면서 이렇게 조언했다. "우리는 보통 손을 등 뒤로 묶어놓고 잔다오." 처음으로 나가는 사냥이었기 때문에 남자는 이

묘한 조언에도 의문을 품지 않았다.

한밤중에 사냥꾼들은 남자를 칼로 찌르려 했지만 힘이 센 그는 손에 묶인 끈을 끊었다. 하지만 뒤이어 일어난 몸싸움에서 치명상을 입었다. 그는 하늘로 올라가 작은개자리의 알파성인 프로키온이 되었다. 프로키온이 오리온의 허리띠에 있는 사냥꾼들을 따라 지평선 위로 낮게 뜨면 피처럼 붉은 빛깔을 띤다. 후에 살기등등한 두 사냥꾼은 그의 아내의 보복이 두려워 그녀와 두 어린 자녀를 죽이려고 남자의 집으로 찾아갔다. 하지만 그들이 칼을 뽑는 사이, 아내는 그들 중 한 명을 발로 차 죽이고, 다른 한 명은 목을 졸라 숨통을 끊어놓았다. '갓 생긴 얼음으로 들어가는 자'에 관한 흥미진진한 이야기는 이렇게 끝을 맺는다. 이 이야기를 들은 사람이라면, 자신의 식량은 스스로 구해야 한다는, 수렵채집 사회에서 아주 중요한 교훈을 잊지 못할 것이다.

별자리와 관련된 또 다른 이야기 '북극 얼음 위에서 길 찾기'는 한겨울을 배경으로 펼쳐진다. 두 사냥꾼이 물개를 뒤쫓다가 해안에서 너무 멀리까지 나가는 바람에 해빙에 고립되고 말았다. 한 명이 말했다. "싱구우리크 별(시리우스)을 따라가자. 그러면 더 두껍고 안전한 얼음으로 돌아갈 수 있어." 그러자 다른 남자는 이렇게 답했다. "내 생각에는 킹굴리크(베가, 거문고자리의 알파성)를 따라가는 게 더 안전할 것 같아. 난 그렇게 하겠어." 두 사람 중 누가 무사히 집으로 돌아갔을까? 북반구 하늘에 대한 지식이 그 답을 알려줄 것이다. 한겨울에 시리우스는 남쪽 지평선 위로 나타나고, 베가는 북쪽 하늘에 낮게 떠 있다. 시리우스를 따라 물이 더 따뜻한 남쪽으로 향한 사냥꾼은 위험한 상황에 처했고, 베가를 따라간 사냥꾼은 좀 더 단단하게 얼어붙은 땅에 도착해 살아남았다. 세상의 꼭대기에서 길을 찾기란 쉬운 일이 아니다.

밤에 북극(북위 90도)에 서 있다고 상상해보자. 가상의 지구 자전축*이 우리 척추를 따라 올라가 정수리 밖으로 쭉 이어진다. 자전축은 지구의 지리적 북극이 90도 각도로 하늘로 연장된 지점인 천구의 북극, 즉 북극성을 가리키고 있다. 세상이 돌고 밤이 깊어지면 별들이 지평선 위로 일정한 위도†를 유지하면서, 지평선과 나란히 뻗은 길을 따라 지구 자전과 반대 방향으로 회전하는 것처럼 보인다. 한참을 버티고 서 있으면 각각의 별이 대략

---

* 남극과 북극을 직선으로 연결한 선을 말하며 북극에서 연장하면 북극성과 거의 일치한다.

† 지구 위의 위치를 나타내는 좌표축 중에서 가로로 된 것. 적도를 중심으로 하여 남북으로 평행하게 그은 선을 말한다.

북극성을 중심점으로 하는 24시간 원 궤도의 일부를 완성하고, 천구의 중심점에서 더 멀리 떨어진 별들은 더 넓은 폭의 경로로 도는 것을 볼 수 있다. 태양이 지평선과 일치하는 천구의 적도(지구의 적도면을 연장했을 때 천구와 만나는 면)를 건너간 후에야 햇빛이 돌아온다. 봄의 첫날 즈음 마침내 해가 떠올라 지평선을 따라 구르듯 움직이며 날마다 조금씩 기어오르다가 지평선에서 천정 사이의 4분의 1 정도 되는 지점까지 올라간다. 이 일은 여름의 첫날 벌어진다. 계절이 흐르면서 태양은 나선형으로 점차 하강하다가 가을이 시작되자마자 사라진다. 여섯 달 동안 낮이, 여섯 달 동안 밤이 지속되고, 그 사이 몇 주 동안 아침의 여명과 저녁의 황혼이 샌드위치처럼 끼어 있다. 북극에서는, 하루 종일 낮이었다가 다음 날은 온종일 밤이 되는 현상을 경험하고, 지평선과 90도를 이루는 천구의 북극에 똑같은 별자리들이 고정된 채 영원히 돌고 도는 것을 감상할 수 있다.

물론 북극에는 아무도 살지 않는다. 적어도 이 글을 쓰고 있는 지금은 영구적으로 얼어붙은 대양 속에 박혀 있다. 하지만 시베리아와 캐나다, 알래스카의 북쪽 고위도 지방에 흩어져 살면서 떠돌아다니는 여러 무리의 사냥꾼들이 있다. 그곳 하늘에 떠 있는 별들은 천정에서 살

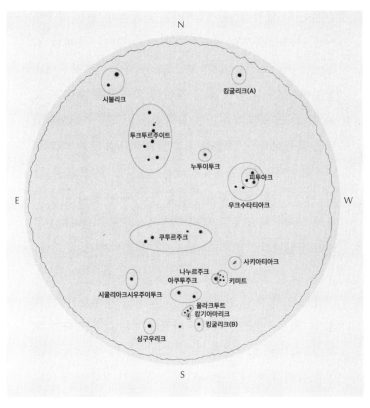

시불리크

킹굴리크(A)

투크투르주이트

누투이투크

피투아크

우크수타티아크

쿠투르주크

사키아티아크

나누르주크
아쿠투주크

키미트

시쿨리아크시우주이투크

올라투트
랑기아마리크

킹굴리크(B)

싱구우리크

N

S

E

W

이누이트의 북극 지역 별자리표.

짝 벗어난 지점을 중심으로 움직인다. 그래서 별의 궤적
이 지평선에 비해 약간 기울어져 있기 때문에 어떤 별은
잠시 지기도 한다. 이곳의 밤과 낮은 6개월보다 짧게 지
속되며, 그 사이의 기간에는 북쪽으로 올라갈수록 24시

간 주기의 낮과 밤을 경험할 수 있다. 예를 들어 북극에서 있다가 남쪽으로 여행한다고 상상해보자. 대략 113킬로미터의 지표면을 걸어 위도 1도를 넘어가면 북극성은 천정에서 1도 움직여 있을 것이다. 북극성은 고도 89도로 떠 있고, 우리의 위치는 북위 89도가 된다. 우리의 위도는 북극성의 고도와 같다(북극성이 정확히 천구의 북극에 있는 건 아니니 약간의 오차는 있다). 콜럼버스 같은 초기 탐험가들은 광활한 대양에서 길을 찾을 때 이 원리를 잘 활용해 북극성의 고도를 일정하게 유지하면서 등위도선을 따라 항해했다.

지금까지 이 책에 실린 이야기들로 미루어 보건대, 극지방에 사는 사람들은 혹독한 환경과 힘든 삶을 견디기 위해 별자리와 그 서사를 만들어내지 않았을까 하는 추측이 가능하다. 기나긴 암흑의 시간이 오기 전에 언제 어디로 사냥을 떠나야 할까, 어떻게 하면 안전하게 얼음 위를 다닐 수 있을까, 추운 겨울밤을 견디는 데 필요한 불빛과 열기를 어떻게 구할 수 있을까, 우리의 자양분인 해는 한참이나 자리를 비웠는데 언제쯤이나 돌아올까. 몇 명의 북극 주민들에게 물어봤더니, 우리의 추측이 맞았다.

　　이누이트(이누이트 언어로 단순히 '인간'을 의미한다)는 같은 언어를 사용하는 약 15만 명의 사람들로, 캐나다와 알래스카·그린란드·러시아·덴마크의 북극 지역에 살고 있다. 캐나다의 이누이트는 자치 영토를 갖고 있다. 누나부트('우리의 땅') 준주라 부르는데, 북위 70도에 있는 주도 이칼루이트를 중심으로 퀘벡 북부와 래브라도, 노스웨스트 준주의 일부를 포함하고 있다. 그곳에서는 11월 말부터 1월 말까지 두 달 동안 해가 뜨지 않는다. 5월 말부터 7월 말까지는 끊임없이 해가 빛난다.

앞서 봤듯이, 이누이트의 하늘에는 사냥 이야기, 사냥감을 잡기 위해 광활한 얼음 벌판을 걷는 이야기 등 위험한 일과 관련된 이야기로 가득하다. 그들의 식량인 곰·카리부(북미산 순록)·물개도 있고, 그들의 사냥감에 눈독을 들이는 여우와 늑대도 있으며, 석유등과 카약 받침대도 있다. 무엇보다 늦겨울에 빛을 예고해주는 전령도 있다. 이누이트에게 북극성은 그리 큰 쓸모가 없다. '절대 움직이지 않는다'는 뜻의 '누투이투크'라 불리는 북극성은 너무 높이 떠 있어서 길잡이 역할을 하지 못한다. 대신 그들은 그 근처에 있는 투크투르주이트(북두칠성)에 주목한다. 여기에는 카리부의 이미지가 두 개 들어가 있다. 국자의 우묵한 부분과 손잡이가 카리부의 몸통을 표현하는가 하면, 각각의 별들이 한 마리의 카리부를 의미하기도 한다. 시불리크(늑대)가 극 주변에서 카리부들을 뒤쫓는다.

"큰 카리부를 따라가면서 시간과 방향을 판단하는 법을 아버지에게 배웠다오." 한 이누이트 노인은 이렇게 말했다. "카리부가 뒷다리로 서고 머리가 더 높아지기 시작하면 한밤중이 다가오고 있다는 뜻이지." 얼음 바다에 나가 있는데 배핀섬이 잘 보이지 않는다면, "왼손을 들어서 손가락을 별들에 맞춰봐야 해. 큰곰자리의 알파성과 베타성 맞은편에 있는 페크다(감마성)와 메그레즈(델타성)를 각각 엄지손가락과 집게손가락으로 가리고, 나머지 손가락으로 국자 손잡이에 있는 별들을 가리고 나면, 팔이 가리키는 곳에 바로 땅이 있지." 극을 기준으로 카리부 맞은편에 있는 카시오페이아자리(피투아크)는 물개나 물개 가죽, 물개 기름을 담은 그릇, 물개 기름 램프, 램프 받침대 등으로 다양하게 묘사된다. 가장 밝은 세 개의 별은, 바닥에 똑바로 서서 램프를 받치는 세 개의 돌이다. 카시오페이아가 카리부와 같은 높이에 있으면 모든 램프에 불이 켜진다고 한다.

한 해의 첫 몇 달 동안 남쪽에서는 늦은 저녁마다 드라마 같은 사냥이 펼쳐진다. 해가 질 때 북극곰 나누르주크(황소자리의 알파성인 알데바란)가 북동쪽에서 나타난다.

그 별은 극 주위를 한 바퀴 돌고 새벽에 북서쪽으로 사라진다. 한 무리의 형제들과 그들의 개들(플레이아데스성단)이 북극곰을 막으려 할 때 곰의 새끼들(히아데스성단)이 어미 옆에 바짝 붙어 있다. 사냥꾼들 혹은 달리는 자들인 울라크투트는 오리온의 허리띠를 이루는 별들로 나누르주크를 뒤쫓는다. 어린 사냥꾼이 "장갑을 떨어뜨렸어!"라고 소리치자 한 형이 이렇게 답한다. "보름달이 떴으니까 걱정할 것 없어. 돌아가서 가져와." 어린 동생이 몸을 돌리자 형들은 갑자기 하늘로 올라가 버린다. 아직도 우리는 몸을 돌렸다가 땅에 붙들려 버린 동생을 볼 수 있다. 그는 서양 천문학자들이 '리겔'이라 부르는 별이 되었다.

이누이트의 별자리표를 보면, 전혀 예상치 못한 별자리 하나가 있다. 쌍둥이자리의 폴룩스(베타성)와 카스토르(알파성)에서부터 마차부자리의 카펠라(알파성)와 멘칼리난(베타성)까지 한 줄로 뻗어 있는 쿠투르주크(쇄골)가 바로 그 주인공이다. 쇄골이란 집게손가락과 넷째 손가락으로 한 쪽 어깨에서 다른 쪽 어깨까지 쭉 훑으면 느껴지는 한 쌍의 뼈를 말한다. 턱 밑에서 두 개의 뼈가 흉골로 이어지는 부분이 움푹 들어가 있는데, 그곳은 별자리의 별들과 똑같은 곡선을 그리고 있다. 그런데 왜 쇄골이 별자리가 됐을까? 날카로운 칼로 살에서 지방질의 바깥 가죽을 떼어내는 섬세한 기술의 소유자라면 물개의 가죽과 연골 사이의 공간을 비집고 들어가는 방법을 잘 알 것이다. 이 별자리는 물개의 몸과 자기 몸의 유사성을 궁금해한 어느 상상력 풍부한 이누이트 도살업자가 만들 어냈을지도 모른다.

독수리자리의 맨 위에 있는 별들, 알타이르(알파성) 와 타라제드(감마성)로 이루어진 '새벽에 보이는 별들' 아 그주크가 하늘에 보이는 건 이누이트에게 가장 중요한 사건이다. 이 별들은 새해가 시작되기 직전, 턱수염바다 물범들이 바다에서 얼음 해안으로 이동해 사냥이 더 쉬 워질 때 해와 거의 동시에 뜨기 때문에 '빛의 전달자'라 불린다. 아그주크의 출현은 그해의 가장 큰 축제가 시작 된다는 신호이기도 하다. 길어진 여명 동안 사람들은 과 도하게 먹고 마시며, 다른 모습으로 변장하고 배우자를 바꾼다. 간단히 말해 다른 사람이 되는 것이다. 아그주크 축제를 목격한 18세기의 한 여행가는 못마땅한 기분을 일기에 남겼다.

그들은 나라 곳곳에 다 같이 모여, 자기들이 가진 최고 의 것을 서로에게 대접한다. 배가 터지도록 먹고 나면 일어나서 놀고 춤춘다. 공연자는 태양의 귀환에 대한 기쁨을 표현한다.

반가운 태양이 다시 돌아온다.

암나 아자 아후!

그리고 맑고 아름다운 날씨를 우리에게 가져다주리라.

암나 아자 아후!

그들은 밤새도록, 며칠 밤낮으로 축제를 벌인다. 지치고 힘이 빠져 더 이상 말을 할 수 없을 때까지.

이렇듯 폭음을 하고 육체적 쾌락을 지나치게 탐하는 행태는 전 세계의 문화권에서 특정한 시기에 나타난다. 미국의 마르디 그라Mardi Gras*나 서양 문화권의 새해 전야 파티를 생각해보라. 생의 새로운 주기를 거리낌 없는 떳떳한 마음으로 시작하려면, 묵은해가 끝나기 전에 몸에서 모든 사악한 것을 몰아내는 것이 좋다. 아마도 그들은 비축해둔 겨울 식량이 위험할 정도로 바닥나고 있다는 스트레스를 이런 식으로 해소해야 했을 것이다. 수확이나 사냥으로 많이 쌓아놓은 식량이 이제 거의 다 사라지고 없다. 새로운 주기가 시작되면 무슨 일이 벌어질

* '참회의 화요일'이라고도 하며, 사순절이 시작되기 전날을 말한다.

지 누가 알겠는가? 새해가 시작되기 직전이야말로, 잠시라도 고민을 벗어던지고 자유롭게 해방되어 오늘만을 즐길 때가 아닐까?

위도가 높은 곳에는 겨울이 금세 찾아온다. 정오의 해가 더 낮게 떨어져 기다란 그림자를 드리우고 밤도 길어진다. 그러면 슬슬 사냥 생각이 나기 시작하고, 북부 지역의 많은 이들은 곰을 뒤쫓는 데 집중한다. 하늘에서는 극 둘레 별자리들이 그 추격을 연출해 보인다. 곰은 북두칠성에서 국자의 우묵한 부분을 이루고 있는 4개의 별이다. 창을 높이 들고 곰을 뒤쫓는 자들은 국자 손잡이에 있는 별들이다. 다른 버전에서는 북두칠성 전체가 곰의 몸(우묵한 부분)과 꼬리(손잡이의 별들)의 윤곽을 나타내고, 목동자리인 여우가 그 뒤를 쫓는다.

이 사냥 이야기를 기억하기 쉽게 만들려면, 사냥철에 붉게 물드는 단풍 같은 현실적인 내용을 추가해야 한다. 19세기의 어느 여행가는 오대호의 폭스족(메스콰키족)에게서 곰 사냥 이야기를 들었다. 옛날에 첫눈이 내린 어느 날 세 남자가 새벽 사냥을 나갔다. 그들은 금세 곰의 흔적을 찾아 따라갔지만, 인간 냄새를 맡은 곰은 그들에게 따라잡히기 전에 북쪽으로 잽싸게 달아났다. "곰이 한낮의 해 쪽으로 움직이고 있어." 곰의 동쪽에서 따라가

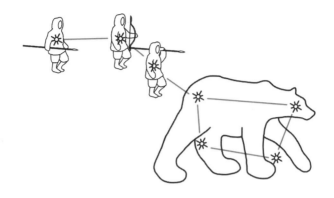

▍ 곰 사냥 이야기가 담긴 북두칠성. 북아메리카 원주민들의 별자리.

고 있던 사냥꾼이 이렇게 외쳤다. 그러자 남쪽을 지키고 있던 사냥꾼은 "'해가 지는' 쪽으로 달려가고 있는데"라고 소리를 질렀다. 그들은 동서남북을 끊임없이 돌아다니는 곰을 며칠이나 추격했다. 그러다가 한 사냥꾼이 우연히 아래를 내려다보았다. 저 밑으로 세상의 지표면이 보였다. 그들은 하늘까지 곰을 쫓아 올라온 것이다! '다른 강과 합류하는 강'이라는 곳에 이르렀을 때 한 사냥꾼이 다른 두 명에게 말했다. "너무 늦기 전에 돌아가는 게 좋겠어. 우리는 하늘 위로 실려가고 있다고." 하지만 그들은 고집을 부렸고, 가을 즈음 마침내 곰을 따라잡았다. 그들은 곰을 죽인 다음 가죽을 벗겨서 조각조각으로 잘

라놓고, 고기는 떡갈나무와 옻나무 가지에 널어 말렸다. 수렵 문화에서는 식량을 훔치지 않는 것만큼이나 나누는 것도 중요하다. 그래서 사냥꾼들은 고기를 먹기 전에 포획물의 일부를 정중하게 하늘로 던져 올렸다.

그들은 아침이 오는 곳을 향해 짐승의 머리를 던진다. 겨울철 동트기 직전, 곰의 머리에서 생겨난 별들이 떠오르기 시작한다. 선두에 있는 네 별은 곰이며, 그 뒤를 따르는 세 별은 곰을 뒤쫓는 자들이다. 그리고 곰이 지평선 위로 가장 낮게 내려와 누워 있는 가을이 되면 떡갈나무와 옻나무의 이파리가 붉게 물든다. 사냥꾼들이 곰의 피투성이 몸을 얹어놓은 곳이기 때문이다.

카이오와족 이야기꾼인 스콧 모머데이는, SF 영화 〈미지와의 조우Close Encounters of the Third Kind〉(1977년)로 유명해진 와이오밍주의 거대한 바위산 데블스 타워에 살았을 때 부모에게 들은 또 다른 곰 이야기를 들려준다. 여덟 명의 카이오와족 아이들, 일곱 명의 여자아이와 한 명의 남자아이가 블랙힐스 산지에서 곰 사냥 놀이를 하고 있었다. 남자아이가 곰인 척하며 숲속에서 여형제들을 뒤쫓아 갔다. 소녀들은 무서운 척하며 아주 빨리 달렸다. 그런데 갑자기 소년이 진짜 곰으로 변했다. 이제 소녀들은 진짜 겁에 질렸다. 그들은 두려움에 떨며 점점 더 빨리 필사적으로 달렸다. 달리다가 마주친 거대한 나무 그루터기가 그들에게 말했다. "내 위로 올라오렴. 내가 너희를 구해주마." 어린 소녀들이 허둥지둥 올라타자 그루터기는 천천히 공중으로 떠오르기 시작했다. 곰이 소녀들을 죽이기 위해 그루터기 밑에 도착했을 때쯤 그들은 이미 손이 닿지 않는 곳까지 올라가 있었다. "어린 소녀들은 하늘로 실려 올라가 북두칠성이 되었다." 데블스 타워(북위 45도)의 남쪽에 서서 땅과 하늘에 펼쳐지는 잊지 못할 광경을 목격하면 이 신화를 실감할 수 있다. 초가을에 땅거미가 진 후 북두칠성은 북쪽 지평선에 닿을락 말락 할 정도로 낮게 내려와 있다. 북두칠성의 일곱 별은 장엄한 바위산 바로 뒤를 지나간다. 스콧은 이야기를 이렇게 마무리 짓는다. "그래서, 보시다시피, 우리 카이오와족은 하늘에 친척이 있다."

곰과 북두칠성이 서로 연관된 이야기는 북반구 지역에 놀라울 정도로 널리 퍼져 있다. 맥락이 아주 다르긴 하지만 고대 그리스 버전까지 있다. 이야기는 아르카디아의 여왕 칼리스토와 함께 시작된다. 사냥을 좋아하기로 유명한 그녀는 사냥(과 정절)의 신 아르테미스와 자주 어울렸다. 그러던 어느 날 사냥을 하던 중에 칼리스토가 제우스에게 겁탈당했다. 처녀성을 잃은 벌을 받을까 두려워진 그녀는 제우스와의 만남을 비밀로 했지만 임신을 하자 더는 버틸 수 없었다. 진상을 알게 된 아르테미스는 그 벌로 칼리스토에게서 여성의 몸을 빼앗고 그녀를 곰으로 만들어버렸다. 인생이 극적으로 바뀌어버린 칼리스토는 야생동물로 숲속을 헤매 다니다 사냥꾼들에게 붙잡혀 왕에게 선물로 바쳐질 운명에 처했다. 어느 날 그녀는 제우스 신전으로 들어가게 되었다. 사냥꾼들은 신전을 무단 침입한 그녀를 죽이려 했지만 그녀를 가엾게 여긴 제우스가 하늘로 올려 보냈다. 그리고 아르크토스(그리스어로 '곰'이라는 뜻)라는 이름을 붙여주었고, 여기에서 영어 단어 'arctic(북극)'이 나왔다(이 이야기의 또 다른 결말에서는, 곰으로 변한 칼리스토가 숲속에서 사냥을 하던 아들과 마주친다. 기쁨에 겨워 달려들었다가 아들이 쏜 화살에 맞는다).

북반구의 고위도와 중위도 지역에 기록으로 남아 있는 천상의 곰 이야기는 남쪽으로도 전해졌다. 아마 그리스의 곰 별자리는 이 고대 전설에서 비롯되었을 것이다. 시베리아의 사냥꾼들은 한때 아시아와 아메리카 대륙을 이어주던 베링 육교를 건너갈 때, 밤하늘을 움직이는 북두칠성을 따라갔을지도 모른다. 3만 년 전 인류가 아메리카 대륙으로 이주하기 시작했을 때 북두칠성과 북극의 상대적 위치는 지금과 거의 같았다.

이방인들은 곰 별자리와 관련된 이야기를 들으면 틀렸다고, 혹은 너무 접근하기 어려워 연구가 불가능하다고 강하게 반발할지도 모른다. 지금까지 우리가 만나본 상상력 넘치는 별 이야기들을 감안하면, 여기서도 좀 더 넓은 관점으로 바라볼 필요가 있다.

고정된 극 주위를 끊임없이 돌고 도는 별들을 올려다보며 우리는 지구의 자전 때문에 별들의 움직임이 그렇게 보이는 것이라고 분석한다. 고속도로에서 차를 타고 앞으로 달릴 때 양쪽의 집과 나무와 언덕이 뒤로 움직이는 것처럼 보이는 것과 같은 이치다. 이 효과는 실험을 통해 과학적으로 입증할 수 있다.

내가 이 책에서 들려주는 이야기들의 바탕에 깔린 연상적 사고에는 그런 인과관계가 전혀 없다. 연상적 사고는 아마도 선사시대부터 시작되었을 것이다. 이미 파악한 우주의 패턴을 기억해내는 한 방법으로서, 그리고 패턴과 사건을 서로 끼워 맞춰 상호 연관성이나 변화를 찾아내는 수단으로서 말이다. 기본적으로 연상적 사고에는 목록 만들기가 수반된다. 예를 들어 우리는 머리부터 발까지 인체 부위를 열거할 때와 마찬가지로, 출생에서 노년까지 우리 인생의 단계를 체계화할 때 꼭대기부터 바닥까지 내려오면서 인생의 각 단계를 몸의 각 부위와 동일시한다. 그래서 머리는 어린 시절을, 발은 노년을 상징한다고 말한다. 자연력과 계절, 황도대의 별자리처럼 우주를 구성하는 모든 사건을 쭉 열거해보면, 연상의 핵심적인 기초 원리인 계층적 질서를 만들어낼 수 있다. 곰 사냥 이야기에서 붉게 물드는 단풍은 지상의 가을에 일어나는 사건일 뿐만 아니라, 완전히 다른 영역인 하늘에서 벌어지는 사건이기도 하다. 초기의 인류 공동체에게 이런 연관성은 계절의 변화를 파악하고 기억하는 데 도움이 되었기 때문에 사람들은 안도하고, 앞일을 예측하며, 생존 가능성을 높일 수 있었다.

7장

열대 지방의 길잡이 별

전갈자리가 동남쪽에서 뜰 때 그 꼬리가 유난히 고리 모양으로 휘어진다는 사실을 눈치챘는가? 하와이 사람들은 이를 '마우이의 낚싯바늘'이라 부른다. 마우이는 신화의 주인공으로, 한때 하와이제도에 유일하게 존재했던 할레아칼라산의 밑으로 내려가 산호초에 낚싯줄 드리우기를 좋아하는 어부였다. 하지만 마우이는 물고기를 잘 낚지 못했고, 형제들은 그의 형편없는 솜씨를 자주 놀렸다. 그들이 미처 몰랐던 사실은 마우이에게 마법의 낚싯바늘이 있다는 것이었다. 마우이는 중요한 때를 대비해 그 갈고리를 아껴둔 채 비밀로 하고 있었다.

어느 날 마우이는 형제들을 속이기로 마음먹고, 일부러 마법의 낚싯바늘이 바다 밑바닥에 걸리게 만들었다.

"있는 힘껏 노를 저어봐. 아무래도 대어를 잡은 것 같아." 마우이가 형제들에게 말했다. 형제들이 힘차게 노를 젓고 마우이가 낚싯줄을 끌어당기자 거대한 마우이섬이 딸려 올라왔다. 형제들은 노를 젓느라 바빠서 그 사실을 알아채지도 못했다. 그래서 마우이는 또 묘기를 부려 훨씬 더 큰 하와이섬을 끌어올렸다. 그런 다음 오아후섬, 카우아이섬, 라나이섬, 몰로카이섬, 니하우섬, 카호올라웨섬, 니호아섬을 차례로 낚아 올렸다. 이렇게 해서 하와이제도가 생겨났다.

다른 결말로 이어지는 버전도 있다. 큰 섬의 앞바다로 낚시를 하러 나간 마우이는 형제들에게 대어를 낚고 싶거든 뒤를 돌아보지 말라고 지시한다. 배 안에 들어온 물을 퍼내는 데 쓰는 파래박 하나가 물 위에 떠 있는 장면이 보이자 마우이는 본능적으로 그것을 집어 자기 옆에 놓았다. 그때 갑자기 아름다운 물의 여신이 나타났고, 형제들은 참지 못하고 그녀를 보기 위해 고개를 돌렸다. 그 순간 낚싯줄이 느슨해져 마우이의 형제들이 깊은 바다에서 낚아 올렸던 섬들이 조금씩 가라앉았다. 이런 연유로 하와이는 하나의 거대한 땅덩어리가 아닌 열도가 되었다.

어느 날 마우이의 어머니는 낮이 너무 짧아 옷을 말

릴 햇빛이 부족하다고 불평했다. "왜 해는 그렇게 빨리 움직이는 거야?" 마우이는 해를 붙잡기 위해 길을 떠났다. 마우이에게 잡힌 해는 더 천천히 움직여 여름날을 더 길게 만들 테니 제발 낚싯바늘을 빼달라고 애원했다. 그 약속이 아직도 잘 지켜지고 있음을 우리는 똑똑히 목격하고 있다. 한겨울의 새벽하늘에서 황도대를 지나가는 해 가까이에 마우이의 낚싯바늘이 보이면 이제부터 낮이 더 길어지리라는 걸 알 수 있다. 바로 그곳에서 해는 매년 낚싯바늘에 걸린다.

마우이가 사는 하와이의 하늘과 북극 주민들이 바라보는 하늘 사이에는 큰 차이점이 하나 있다. 우선 이누이트의 영토에서 남쪽을 향해 서 있다고 상상해보자. 하늘에는 북극성이 고도 70도로 떠 있고, 별들은 동쪽의 얼음 벌판에서 서서히 솟아올랐다가 똑같이 낮은 각도로 서쪽으로 진다. 적도까지 절반쯤 내려온 북위 45도(남유럽과 미국 북부, 중국 북부가 있는 곳)에서는 별의 궤적이 지평선과 45도 각도를 이루고, 북극성은 스카이라인과 천정 사이의 중간 즈음에 떠 있다. 북위 23.5도(북아프리카, 멕시코, 인도)의 북회귀선에 이르면 북극성은 천정(66.5도)보다 지평선(23.5도)에 훨씬 더 가까워진다. 적도에 가까워질수록 별의 궤적이 점점 더 가팔라지다가, 위도

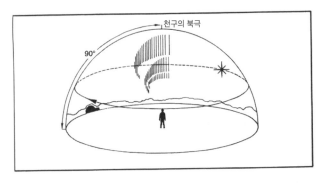

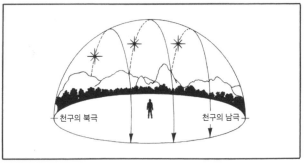

북극 지방(위)과 열대 지방(아래)의 하늘에 나타나는 별의 궤적
비교하기.

0도가 되면 북극성이 지평선에 거의 안 보이고 천체들이
수직선을 따라 뜨고 진다. 적도 지역에서는 이렇듯 천체
들이 똑바로 떠올랐다가 넘어와 똑바로 내려온다. 이와
대조적으로 중위도와 고위도에서는 하늘의 고정된 한 지
점을 중심으로 천체들이 원을 그리며 돌고 또 돈다.

이제 카누를 타고 드넓은 열대의 대양으로 나가 동쪽으로 항해한다고 상상해보자. 우리 눈높이에 단조로운 수평선이 걸린다. 경로를 안내해줄 말뚝도 통로도 없다. 별들이 우리 앞에서 수직으로 떠올랐다가 우리 뒤의 바다로 똑바로 떨어진다. 이제 이런 의문이 생기기 시작한다. 지금 내가 움직이고 있는 것인가, 아니면 가만히 있는 내 옆을 하늘과 바다가 지나가고 있는 것인가? 폴리네시아의 항해자들은 하늘과 바다가 옆으로 지나가는 것을 경험한다고 말한다. 19세기의 어느 이름 모를 선교사는 땅과 하늘의 이미지가 수평선 위로 떠오르며 움직이는 모습을 묘사한 타히티섬의 바다 노래를 기록했다.

바다가 바구니 섬만, 그리고 뾰족한 섬만 밀어올린다.
바다 바로 위에 알데바란이 서서 리오 신을 위해 눈물을 흘린다.
그대여, 계속 나아가라! 어디로 헤엄쳐 가지? 기울어가는 태양을 향해 헤엄쳐 가라, 오리온을 향해 헤엄쳐 가라.

18세기와 19세기에 오세아니아의 서태평양 섬을 항해하는 사람은 오늘날의 신경외과 의사만큼 존경받을 만

했다. 섬들을 찾아갔던 18세기 유럽의 한 선장은 소수의 사람만 지리학과 항해술, 천문학을 알고 있다고 말했다. 바람과 파도와 해류의 변화에 영향을 받는 대양이 99퍼센트를 차지하는 환경에서 장소를 옮겨 다니려면 정성스럽게 갈고 닦은 기술이 필요하다. 특히 하늘을 잘 알아야 한다. 미크로네시아 동부에서는 그런 전문가를 티보라우라고 불렀다. 그는 통찰력 있는 하늘 관찰자이자, 가상의 3차원 나침반 상에서 직선으로 이어지는 별자리들의 모양과 위치를 알아내고 기억하는 노련한 항해사였다. 티보라우는 밤사이 수평선의 같은 지점 위에 나타나는 일련의 별들을 식별하고, 그 지식을 이용해 특정 섬으로 배를 몰고 갔다. 티보라우는 이런 기술을 어떻게 터득했을까? 그리고 왜 특이한 직선형 별자리들을 익혔을까?

'아로라에'는 태평양 중부의 길버트제도에 있는 고리 모양의 작은 산호섬이다. 섬의 북쪽 해안에는 사람 크기로 대충 자른 석판 여섯 쌍이 나란히 놓여 있다. 한 쌍은 80킬로미터 정도 떨어진 타마나섬을, 또 다른 한 쌍은 137킬로미터 떨어진 베루섬을, 세 번째 쌍은 수평선 너머 700킬로미터 넘게 떨어져 있는 바나바섬을 가리킨다. 섬 주민들은 이 석판들을 '돌 카누들' 혹은 '항해를 위한 돌들'이라 부르고, 섬과 섬 사이를 항해할 때 방향을 잡거나 다른 사람에게 항해법을 가르칠 때 사용했다. 티보라우를 방문한 현대의 한 항해자는 티보라우 가족의 거주지 뒤에 있는 돌 카누의 모형을 소개받았다. 티보라우의 아버지가 할아버지의 이전 버전을 바탕으로 만든 그 모형의 길이는 동서로 4.5미터, 남북으로 1.2미터 정도였다. 중앙에는 직사각형 돌 좌석이 놓여 있고, 여러 방향을 가리키고 있는 다양한 크기의 삼각형 돌들은 파도의 크기와 방향을 나타냈다. 좌석에 걸터앉아 있는 뇌산호는 바다의 신을 상징했다. 당시(1960년대 중반) 그 티보라우는 여전히 이 모형을 사용해 딸에게 항해술을 가르치고 있었다. 안타깝게도 외부인들은 섬 주민들이 알려주는 토착 별들의 이름을 진지하게 받아들이지 않아 서양의 별자리표에 기록하지 않았고, 그래서 우리는 그들의 별자리 대부분을 알지 못한다.

돌 카누를 구성하는 석판들은 특정 별이 밤에 수평선 위로 나타나거나 사라지는 방향과 나란히 놓여 있다. 예를 들어 8월에 해가 질 무렵 레굴루스(사자자리의 알파성)는 타마나섬을 가리키는 석판과 일직선을 이루고, 한밤중에는 아르크투루스(목동자리의 알파성)가 바로 그 방향에 있게 된다. 항해자는 자신이 가고자 하는 섬과 연관된 일련의 별로 이루어진 경로, 즉 하비엥가를 외운 다

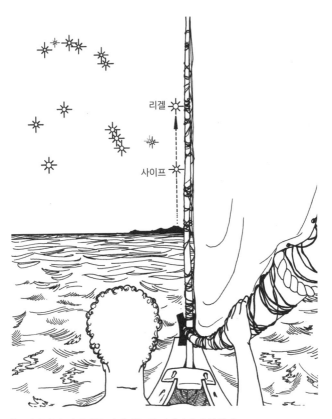
리겔

사이프

일직선의 별자리를 따라가는 폴리네시아의 항해자.

음, 일직선의 별자리를 향해 카누를 몰고 간다. 별이 뜨고 지는 위치는 시행착오를 거듭한 관측과 구전을 통해 기억 속에 박혀 있다. 일종의 3차원 나침반 위의 점들인 셈이다. 조사에 따르면, 뉴기니의 동쪽 해안 근처에 있는 트로브리안드제도에서부터 하와이와 뉴질랜드 중간쯤에 있는 사모아제도까지 태평양의 4만 8,000킬로미터에 이르는 범위에 각각 3개, 5개, 7개, 9개의 하비엥가로 이루어진 항로가 확인되었다.

태평양의 남서쪽에 있는 캐롤라인제도의 숙련된 항해자들은 수평선이 32개의 지점으로 나뉘어 있고, 각 지점의 반대편에 있는 지점 역시 한가운데에 있는 관측자와 연결되어 있다고 상상했다. 예를 들어 떠오르는 베가(북동쪽)의 반대편에서 안타레스(남쪽)가 지고, 알데바란이 뜨는 동북동쪽의 반대편인 서남서쪽에서 오리온의 허리띠가 진다. 그리고 남십자성이 남남동쪽에서 뜰 때 반대편인 북북서쪽에서는 큰곰자리의 알파성이 진다.

하와이의 항해자들은 속을 파낸 박으로 별 나침반 모형을 만들었는데, 그 방법이 1865년의 한 안내서에 나와 있다.

둥그런 박의 아랫부분을 잡고 그 위에 여러 개의 선

을 표시한다. 이 선들은 '나 알라누이 오 나 호쿠 후켈레(항해하는 별들의 도로)'라 부르고, 그 별들은 '나 호쿠 아이 아이나(땅을 지배하는 별들)'라 부른다. 이 세 개의 선 밖에 있는 별들은 '나 호쿠 아 사 레와', 즉 이방의 별, 낯선 별, 혹은 외부의 별이라 부른다. 첫 번째 선은 '호쿠 파(북극성)'부터 가장 남쪽에 있는 '네웨(남십자성)'까지 이어진다. 이 선의 오른쪽 혹은 동쪽 부분은 '케 알라울라 아 카네(여명 혹은 카네의 밝은 길)'라 부르고, 선의 왼쪽 혹은 서쪽은 '케 알라누이 마웨울라 아 카날로아(여행자가 많은 카날로아 도로)'라 부른다.

박의 가장자리에는 핵심적인 항해의 별들이 표시된다.

이런 방식으로 항해하려면 수세대 동안 축적된 경험이 필요했을 것이다. 별의 위치를 장거리 항로로 옮기는 문제를 해결하기 위해 오세아니아 바다의 천문학자들은 다른 문명의 우주론과 천문학에서는 찾아볼 수 없는 두 가지 개념을 개발했다. 직선을 이루는 별자리와 가상의 별 나침반이 그것이다. 이런 창조물은 아마도 환경 때문에 탄생하게 되었을 것이다. 열대 지방을 항해하는 일은 하늘의 방위 때문에 현대의 자기 나침반 같은 천문학

도구를 쓰지 않고도 가능했다. 북태평양이나 남대서양의 항해자가 일직선의 별자리에 맞춰 돛을 올리면 어떤 문제가 생길까? 길잡이 별은 수평선 위로 뜨자마자 옆으로 움직이기 시작할 것이다. 대체할 만한 별이 곧장 나타나지 않으면 항로는 직선에서 완전히 벗어날 수밖에 없다. 예를 들어 미국 북동부의 뉴잉글랜드에서 영국까지 항해할 때 '일렬로 늘어선' 길잡이 별들을 따라가려 했다가는 순식간에 항로에서 벗어나게 될 것이다.

실용적인 오세아니아 사람들은 지리학을 받아들인 다음 자신들에게 유리한 방식으로 바꾸었다. 그들은 적도 지역에 잘 맞는, 지평선 기준의 천문학을 사용했다. 그래서 천정이라는 개념도 받아들였다. 항해자는 천정을 지나 특정 섬으로 향하는 '파나켕가' 별들을 외웠다(천정을 넘어가는 별의 적위*는 관찰자의 위도와 일치한다). 이 말을 현대적으로 옮기자면, 길잡이 별이 포물선을 그리며 천정을 지나가면 항해자는 목적지의 위도에 도착했음을 알 수 있다는 것이다. 따라서 통가제도 사람들은 시리우스가 피지제도(남위 17도)의 파나켕가, 알타이르가 캐롤라인제도(북위 9도)의 파나켕가라고 말한다. 여러 번의 시

---

* 적도 좌표에서의 위도. 적도의 북쪽이나 남쪽으로 잰 각거리로 나타낸다.

행착오를 겪은 끝에 현대의 항해자들은 잔잔한 바다에서 파나켕가 별들을 관측하면 지리 위도geographic latitude*를 0.5도(약 56킬로미터) 이내까지 추산할 수 있다는 사실을 발견했다.

1890년 타히티의 어느 이름 모를 항해자는 한 방문자에게 처음으로 다음과 같이 설명해주었다.

> 카히키(하와이)를 향해 배를 몰다 보면, 깊은 바다 위로 새로운 별자리와 낯선 별들이 보여요. 피코-오-와케아(적도)에 도착하면 호쿠푸아(북극성)가 시야에서 사라진 다음, 네우(?)가 길잡이 별이 되고, 머리 위로 후무(?) 별자리가 안내자로 나타나지요.

안타깝게도 길잡이 별들의 영어 이름은 여전히 알 수 없다.

현재 우리에게 알려진 바로는, 중부 태평양의 원주민 뱃사람들은 위도와 마찬가지로 경도†에 대한 개념도

---

* 지표의 한 지점에서 지구 타원체에 수직인 선과 지구의 적도면이 이루는 각도.

† 지구 위의 위치를 나타내는 좌표축 중에서 세로로 된 것. 기준선인 본초자오선으로부터 동서로 얼마나 떨어져 있는지에 대한 값을 나타낸다.

없었다. 그래서 경도에 대처하는 방법이 없었는데, 실은 그런 방법을 만들 동기도 없었다. 구세계(유럽, 아시아, 아프리카)의 항해자들은 동서간 항로를 결정하려면 모래시계부터 (나중의) 크로노미터‡까지 시간을 계측해줄 장치가 필요했지만, 오세아니아 사람들은 바람과 바다의 흐름에 관한 지식을 천문학적 관찰과 접목했다. 즉 순수한 자연력에 의지해 항해술을 하나의 예술로 연마했다. 그들의 성공적인 항해는, 우리 문화권에서는 아주 친숙한 경도와 위도에 관한 지식이 숙련된 항해자들에게 꼭 필요한 건 아니라는 사실을 증명해준다. 기술적인 장치의 도움 없이 동남아시아의 다도해를 항해하는 일은 어려워 보인다. 하지만 원주민들의 전문 기술을 사용해 그들의 항해를 재현하고 실행해본 현대의 인류학자와 모험가들은 그것이 가능했을 거라는 확실한 결론을 내렸다.

하지만 이런 항해술의 개념들을 호기심 많은 외부인에게 설명하기란 항상 어려웠다. 의사소통의 실패를 보여주는 전형적인 사례가 있다. 한 독일인 선장은 티보라우에게서 항해 방식에 관한 설명을 듣고도 이해하지 못해 좌절감에 빠졌다. 선장은 1897년 일지에 다음과 같

‡   천문 관측 등에 쓰던 휴대용 태엽 시계.

은 글을 남겼다.

티보라우가 한번은 내게 나처럼 둔한 사람은 처음 본다고 솔직해 보이는 표정으로 말했다. 날마다 그는 내게 똑같은 설명을 해주고, 날마다 나는 똑같은 멍청한 질문을 했다. 걸핏하면 그는 내게 더 이상 말을 하지 않으려고 했는데, 노인이 좋아하는 셰리주 한 잔만 주면 다시 친절해졌다.

사람들은 오세아니아 항해자들이 대륙에서 멀리 떨어진 섬까지 어떻게 처음 항해했을까 궁금해한다. 거대한 군도에서 섬들 사이의 거리가 수백 킬로미터나 되는 경우가 많기 때문이다. 하지만 광활한 대양으로 장거리 여행을 떠난 데에는 순수한 모험심을 넘어 현실적인 이유도 있었을 것이다. 이를테면 물물교환을 위해, 침입이나 전투를 위해, 부족장의 지배 영토를 넓히기 위해, 혹은 무인도에서 식량과 물자를 얻기 위해 등등. 쿡제도의 한 부족은 외래종 새의 알을 얻기 위해 300여 킬로미터를 여행했다고 한다. 또 대륙에서 언제든 찾아올 수 있는 경제적 위기 때문에 사람이 적거나 아예 없는 섬으로 옮겨가야 했을 것이다.

바닷길을 통한 이동이 공동체의 생존에 꼭 필요했다면, 일직선의 별자리를 이용한 천문 항법은 오세아니아의 문명인들에게 가장 소중한 기술이었을지도 모른다. 반면 오늘날의 우리는 차로 이동하거나, 버스 기사·기차 기관사·비행기 조종사 혹은 아이폰의 지도에 우리의 여정을 맡긴다. 과학기술의 발전 덕분에 장거리 여행을 할 때 하늘을 올려다볼 필요도 없다. 그저 재미 삼아 기술의 도움 없이 항해하는 소수의 사람만이, 옛날에 항로를 결정할 때 하늘에 대한 지식이 얼마나 중요했는지를 제대로 이해할 수 있다.

겨울 하늘 아래에서 들어야 제맛인 폴리네시아의 한 이야기에는 열대 문화권에서 보기 힘든 창의적인 이미지 그리고 바다를 주제로 한 신화적인 이미지가 가득하다 (허풍스러운 오리온을 통해 도덕적 교훈을 전하는 그리스 신화와 조금 닮기는 했지만). 옛날에 폴리네시아 사람들은 플레이아데스성단을 마타리키, 즉 '작은 눈들'이라 불렀다. 마타리키는 한때 하늘에서 가장 밝은 하나의 별이었다. 어찌나 밝은지 하늘에 뜨면 그 빛이 바다에 반사되어 반짝이고 누구나 눈이 부실 정도였다. 마타리키는 자기의 밝은 빛에 기고만장해져서는 다른 별들에게 이렇게 떠

벌렸다. "나는 너희보다, 심지어 신들보다 훨씬 더 밝아."
하늘을 떠받치는 네 기둥을 지키는 신 '타네'는 노해서
그 허풍쟁이 별을 암흑지대로 쫓아버리리라 마음먹고는
마타리키 근처에 있는 두 별에게 도움을 청했다. 메레(시
리우스)는 하늘에서 두 번째로 밝은 별로, 경쟁자에 대한
동정심이 전혀 없었다. 아우메아(알데바란)는 가까이 있
는 마타리키의 빛에 항상 묻히는 처지가 짜증나고 창피
하던 참이었다.

어느 날 밤, 타네와 메레, 아우메아는 표적의 뒤로
살금살금 다가갔다. 하지만 마타리키는 그들을 발견하고
는 달아나 근처의 은하수 강물 속에 숨었다. 메레는 도망
자가 숨지 못하도록 강 상류로 올라가 수로 방향을 바꿔
버렸다. 마타리키는 다시 달아나 하늘의 아치길을 넘어
가면서 추적자들을 확실히 따돌리기 시작했다. 다급해진
타네는 아우메아를 움켜잡아 마타리키 쪽으로 세게 던
졌고, 아우메아와 충돌한 마타리키는 여섯 조각으로 부
서지고 말았다. 추적자들이 떠나자 한때 밝았던 별의 잔
해들은 원래 있던 자리로 느릿느릿 돌아갔다. 메레가 하
늘에서 가장 밝은 별이 되었고, 아우메아는 이제 더 이상
경쟁자의 빛에 가려지지 않았다. '작은 눈들'은 하나였을
때보다 여섯인 지금 훨씬 더 주목받게 됐다며 자기들끼

리 소곤거리고 있을지도 모른다. 아마 바람이 잦아들고 바다가 잔잔할 때면 수면 가까이로 몸을 숙여 물에 비친 지금의 모습을 들여다보며 여전히 자기들이 최고라고 우쭐댈 것이다.

8장

하늘에 세워진 제국

북아메리카의 포니족은 첫 천둥 의식을 열 때 바보늑대와 파룩티에 얽힌 옛이야기를 들려준다. 바보늑대는 샛별(새벽에 보이는 금성)의 할아버지이자 코요테 신이다. 파룩티는 번개의 할아버지로서 모든 불을 지배하고 별에 불을 밝혀 사람들이 밤에도 밖에 나갈 수 있게 해준다. 파룩티의 별인 저녁샛별은 바보늑대의 샛별과 경쟁 관계에 있었다. 바보늑대는 저녁샛별의 밝은 빛과 힘을 질투했다. 원래 파룩티는 모든 별자리를 땅에 두고 불멸의 종족으로 영원한 삶을 누리게 할 생각이었는데, 바보늑대가 늑대 한 무리를 보내 파룩티의 번개 자루를 훔쳐 오려했다. 하지만 사람들은 늑대들을 죽였고, 이로써 세상에 처음으로 죽음이 생겼다.

사람들은 죽은 늑대들이 얼른 돌아가기를 원했지만, 일부는 돌아가고 나머지는 그대로 남기로 했다. 그러자 코요테 신은 그들 모두를 죽은 상태로 남겨두기로 하고, 주술의 오두막을 지어 모든 영혼을 회오리바람으로 빨아들였다. 영혼들이 들어오자 코요테 신은 바람을 일으켜 문을 닫았고, 그 후로 모든 인간은 언젠가는 죽어야 하는 유한한 존재가 되었다. 죽음을 생겨나게 했다는 악명에서 벗어나기 위해, 코요테 신의 별은 뱀의 별(안타레스)의 도움으로 뱀들을 지상으로 보내 자신에 대해 좋지 않은 이야기를 퍼뜨리는 자들을 죽였다.

라코타족의 신성한 파이프를 지키는 관리자의 아버지는 한 방문자에게 이렇게 말했다. "땅과 하늘은 똑같답니다. 땅에 있는 것은 별 속에 있고, 별 속에 있는 건 땅에 있으니까요."(현대의 우주학자들도 동의할 것이다. 우주의 모든 것은 똑같은 물질로 구성되어 있으니 말이다!) 라코타족은 "위에서 그러하다면 아래에서도 그러하리라"는 점성술의 기본 원리를 바탕으로 땅과 하늘이 서로를 비춰준다는 개념을 설명한다. 땅에는 언덕과 계곡, 바위, 곡물이 있고 그들의 성스러운 이야기가 담긴 하늘의 별자리는 이 풍경의 특정 장소들을 상징한다. 그들의 별은 황도대 안에 혹은 그 가까이에 있어서, 라코타족이 어떤 장소에 도착하면 그에 상응하는 별자리에 태양이 나타난다. 즉 그들은 땅에서 태양의 길을 따라가는 것이다. 예를 들어 와이오밍주의 데블스 타워는 마토 티필라(카스토르, 폴룩스 그리고 주변의 여섯 개 별)와 연결되어 있다. 그리고 데블스 타워의 남쪽에 있는 겨울 야영지로 가려면, 서양의 관측자들이 삼각형자리와 양자리로 알고 있는 한 쌍의 별자리를 따라가면 된다.

영국의 개척자들이 아메리카 대륙에 오지 않았다면, 그래서 라코타족이 고향에서 쫓겨나지 않고 주변 부족들에게 강력한 영향력을 행사했다면, 그리고 거대한 도시를 건설해 힘과 권력을 키웠다면 어떻게 됐을까. 아마 도시의 설계도에는 하늘의 상징들이 마을의 신성한 공간을 채우거나 더 나아가 정교하게 녹아들었을지도 모른다. 북아메리카의 대초원 지대에서는 이런 일이 일어나지 않았지만, 세상의 다른 어딘가, 그것도 어느 누추한 집에서는 일어났다.

적도에 걸쳐진 중앙태평양의 길버트제도에 속하는 키리바시섬의 주민들은 하늘이 그들의 집이라고 말한다. 그들은 하늘의 둥근 지붕을 동서간 수직으로 여러 번 자른 다음 지평선과 평행한 선들로 또 한 번 나누어 하늘 가옥

(우마 니 보라우)을 여러 구역으로 분할하고 거기에 이름을 붙인다. 수직선을 마룻대(머리 위를 지나가는 남북 자오선)와 서까래(소원小圓*)라 부르고, 수평선상의 호弧들을 대들보나 중도리에 비유한다. 그리고 집(하늘)을 나누어 생긴 가상의 칸들에 어떤 별들이 있는지 파악한다.

키리바시섬 사람들이 하늘을 집에 비유한 것은 별의 위치를 확인하기 위해서만은 아니다. 하늘 가옥은 계절 시계의 역할도 한다. 예를 들어 동트기 한 시간 전쯤 동쪽의 첫 중도리에 플레이아데스성단이 도착하면 우기의 시작인 하지점에 태양이 있다는 사실을 알 수 있다. 플레이아데스성단 대신 안타레스가 나타나면 태양이 춘분점에 있다는 신호가 된다. 19세기의 인류학자 아서 그림블은 한 노인에게 이런 얘기를 들었다. "서쪽으로 마룻대와 첫 중도리 사이의 한복판에 림위마타(안타레스)가 보이면, 해가 비케 니 카이타라(마주 보는 작은 섬)에 있다는 뜻이라오." 키리바시 말로 '비케 니 카이타라'는 건기가 시작되는 춘분점을 의미한다.

이와 비슷하게 나바호족도 그들이 사는 곳과 하늘을 건축학적으로 연결지어 생각한다. 그들은 거주지를

---

*   지구의 중심을 지나지 않는 평면으로 자를 때 생기는 원.

'호간hogan'이라 부른다. '호ho'는 장소를, '간ghan'은 집을 뜻한다. 나바호족의 플레이아데스성단 이야기(2장)에서 이미 만나본 검은 신이 창조의 호간을 지었다. 그는 그곳을 별로 채웠고, 그 집은 후손들이 땅에 짓는 모든 호간의 원형이 되었다. 검은 신을 공경하는 마음으로 그들은 모든 호간을 별의 운행 방향과 일치하도록 짓는다. 호간의 지붕은 하늘처럼 반구형이어야 하고, 빛과 열의 원천인 태양(태양을 지칭하는 나바호족 단어는 '규칙적으로 움직이는 동그란 물체'라는 뜻을 지니고 있다)처럼 둥글어야 한다. 무엇보다 호간은 날마다 태양의 여정이 시작되는 동쪽을 향해야 한다.

모든 호간에는 네 기둥이 있으며, 하늘을 떠받치고 있는 네 개의 산맥처럼 각각 네 방향에 배치되어 있다. 호간의 벽은 산처럼 수직을 이루고 있다. 호간에 들어가면 태양의 운동을 흉내내어 꼭 시계 방향으로 움직여야 한다. 내부는 물리적으로 분리되어 있지는 않지만, 동서남북의 각 공간마다 쓰임새가 정해져 있다. 동쪽에서는 요리를 하고 먹으며, 서쪽에서는 낮에 찾아오는 손님을 접대하고, 북쪽에서는 기도하고 신을 경배하며, 남쪽에서는 일을 한다. 다섯 번째 방향인 중앙은 중심에 있는 화로, 즉 태양을 둘러싼 하늘을 상징한다.

나바호족의 노래는 가족의 의무를 특정 별자리와 연결짓는다. 북두칠성은 빙빙 도는 남성으로, 카시오페이아자리는 그와 짝을 이루는 여성으로 해석한다. 그들은 하늘 화로에 불을 붙이는 가장 중요한 불인 북극성 주변을 영원히 맴돈다. 그들은 집에 머물며 불을 지키는 모범적인 노부부로, 언제나 가족과 함께 있으면서 가정에 대한 책임을 다한다.

서른 명의 대가족까지 수용할 수 있는 스키디 포니족의 오두막도 키리바시와 나바호족의 집처럼 하늘의 건축 설계를 모방한다. 그 반구형 모양의 오두막은 정밀한 배치와 방향까지 하늘을 흉내내고 있다. 동쪽에 문간이 있고, 네 방향에는 집을 떠받치는 기둥이 있으며, 꼭대기에는 거주자들이 하늘을 볼 수 있는 위치에 연기 구멍이 뚫려 있다. 19세기 전환기에 민족학자 제임스 뮤리는 포니족과 함께 지낸 후 발표한 저서에서 다음과 같이 썼다. "특정 시간이 되면 한 사제가 연기 구멍으로 하늘을 올려다보았다. 바로 위에 '특정' 별이 보이면 씨 뿌리기 의식을 열 때가 온 것이다."

안타깝게도 포니족 어머니를 둔 제임스 뮤리는 상세한 내용을 많이 남기지 않았다. 하지만 이후의 정보 제공자들을 통해 우리는 다른 사실도 알게 되었다. 7월 말 일출 직전 오두막 벽에 대칭축을 따라 서 있으면, 포니족

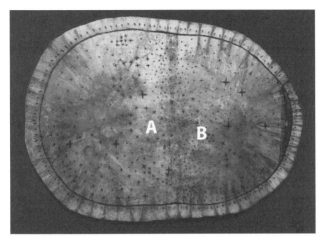

19세기 스키디 포니족의 별자리표.
이 문화권에서 가장 중요한 두 개의 성군인 (A)북쪽왕관자리와
(B)플레이아데스성단이 중심에 자리잡고 있다.

에게 통합을 상징하는 플레이아데스성단이 연기 구멍을
통해 처음으로 잠깐 보인다. 그런 다음 동지 즈음이 되
면 해가 진 직후 다시 모습을 드러낸다. 추장 회의(북쪽왕
관자리)는 플레이아데스성단과 정반대로 등장한다. 이는
원주민들의 별자리표에서 두 별자리가 확연히 두드러지
는 이유를 설명해줄지도 모른다. 포니족의 오두막은 주
거지일 뿐만 아니라, 천문대나 플라네타륨* 같은 살아 있

* 반구형의 천장에 설치된 스크린에 달, 태양, 항성, 행성 따위의 천
  체를 투영하는 장치.

는 자연 교실 역할도 한다. 그 따스한 공간 안에서 아이들은 현실의 이야기와 도덕적인 설화가 하늘이라는 무대에 드라마처럼 펼쳐지는 모습을 두 눈으로 직접 목격한다.

키리바시와 나바호족, 포니족의 가옥은 우리 머리 위에 있는 두 지붕 사이의 유사점을 입증해주는 사례들이다. 현대인이 생각하는 이상적인 집과 얼마나 다른지 생각해보라. 설계 도면만 봐도, 오늘날의 집은 공유의 개념이 크게 중요하지 않아서 가족 구성원들이 저마다 개인적인 공간을 갖고 있다. 실제로 거실이나 부엌에서 가족이 함께 시간을 보내는 일은 많이 줄어들었다. 집의 배치나 방향에 환경적인 요인이 영향을 미치는 경우도 드물다. 물이 아무리 멀리 있어도 배관으로 끌어다 쓸 수 있고, 온갖 종류의 나무를 심을 수 있으며, 비용만 지불하면 산이나 바다가 내다보이는 전망도 누릴 수 있다. 일광욕실까지 만들어 쓰는 사람도 있지만, 우리의 생활 공간과 관련된 별들은 어디 있는가? 대부분의 현대인에게는 별로 중요한 문제가 아니다.

스키디 포니족과 라코타족은 집과 공동 건물을 설계할 때 우주와의 더 원대한 연계를 추구했다. 실제로 그들은 마을 전체와 표지물의 패턴을 짤 때 별자리의 위치를 참고했다. 별들이 지상으로 내려와 하늘에 머물던 위치에 따라 지상의 야영 장소를 정했다는 내용의 신화도 있다. 스키디 포니족은 마을마다 수호성守護星을 정해주고, 마을 주민에게 그 별과 관련된 의례를 행하도록 했다. 한 예로, 생명과 지식의 신 티라와가 지배하는 서쪽 끝 마을의 성지에서 일 년 중 제일 처음으로 의식이 열렸다. 첫 의례인 천둥 의식은 봄철 천둥이 맨 처음 들리는 춘분 즈음 행해졌다. 영토의 중앙을 둘러싼 주요 다섯 개 마을은 북두칠성에서 국자의 우묵한 부분에 해당하며, 북극성을 중심으로 맴도는 네 별의 위치에 따라 배치되었다. 그 마을들의 성지는 인간들의 현실적인 문제를 담당했다. 각 마을은 씨를 뿌리고, 수확하고, 사냥하고, 부족장을 선정하고, 전사에게 경의를 표하는 등 부족의 일과 관련된 의례를 관장했다.

계절이 흐를수록 의례는 이 성지에서 저 성지로, 서쪽에서 동쪽으로 옮겨 갔다. 그래서 샛별의 비호를 받는 동쪽 마을이 제일 마지막 차례였다. 그 마을의 임무는 제물을 바쳐 위 세상과 아래 세상을 연결하고, 지상에 있는 모든 생명체의 영속성과 생산성을 확보하는 것이었다. 그러고 나면 주기는 다시 반복된다. 이런 의식들이 열리는 동안 무슨 일이 벌어졌는지 우리로서는 알 길이 없다.

포니족의 지도자들은 신성한 의례를 어떻게 치르는지 바깥세상에 알리지 않았다. 하지만 한 원로에 따르면, 그들은 "천지창조를 설명하고, 가정을 꾸려주며, 그들에게 식량을 내려주는 티라와에게 의지해야 한다는 사실을 일깨워줄 의례를 개시한다."

중국의 왕조 사회는 아주 관료주의적이었으며, 밤하늘에서 일어나는 사건을 기록하는 데 특히 정성을 쏟았다. 황족의 역사서에는 천문학과 관련된 내용이 장황하리만큼 가득 담겨 있다. 천체들이 언제 어디서 나타나고 사라지는가, 천체들의 색깔과 밝기와 움직이는 방향은 어떠한가, 특히 천체들이 언제 한자리에 모이는가. 이 역사서들은 하늘에서 일어나는 사건과 세속의 일을 밀접하게 연관시킨다. 중국의 어느 역사가 겸 궁정 점성술사는 '하늘의 총신들(행성들)'이 한데 모이면 큰 행운이 찾아오거나 대재앙이 일어난다고 설명했다. 그들이 방수房宿(전갈자리)에 모였을 때 주나라는 번영했지만(기원전 1000년), 기수箕宿(궁수자리)에 모였을 땐 타락하고 부패한 이기李期가 황위에 올랐다(314년).

앞서 배웠듯 서양 세계는 별자리 이름을 그리스 신화에서 가져왔고, 48개의 원조 별자리들 가운데 안드로메다자리, 페르세우스자리, 오리온자리, 전갈자리처럼 신화와 연관된 것도 있지만 대부분은 독자성을 갖고 있다. 반면 중국의 별자리 체계는 사뭇 다르다. 중국인은 북쪽 하늘을 바라보면서 사냥철이 임박했음을 알려주는 곰 두 마리를 상상하지 않았다. 대신 단 하나의 거대한 천상도天象圖를 통해 283개의 별자리를 모두 연결했다. 나바호족, 포니족, 라코타족의 하늘 가옥처럼, 중국의 하늘은 제국에서 가장 중요한 집의 형태를 반영해 천상의 제국으로 설계되었다. 가장 근본이 되는 것은 북쪽 하늘의 삼원三垣*이었다. 그 중심에는 황제를 상징하는 부동의 북극성이 있다.

공자는 황제가 세속적인 국가의 중심축이듯 북극성이 하늘의 중심축이라는 사실에 주목하여, 황제의 통치를 북극성에 비유했다. 별들이 부동의 북극성 주변을 돌듯, 국가 경제는 불변의 황제를 중심으로 돌아갔다. 한 전설에 따르면, 천자는 북극성이 그의 어머니에게 비춘 빛에서 태어났다고 한다. 극축의 고정된 위치는 지속적인 국가 권력을 암시하는 은유가 되었다. 지상에 황제가

---

*   동양의 천문학에서 나누는 별자리의 세 구획. 북극 부근의 자미원(紫微垣), 사자자리 부근의 태미원(太微垣), 뱀자리 부근의 천시원(天市垣)을 이른다.

다스리는 영토가 있듯, 하늘에는 황궁인 자미궁이 있었다. 황궁을 대표하는 별자리와 기타 작은 별자리들은 중심점 가까이에 있으며, 절대 지지 않는 별들로 이루어져 있다. 이 하늘의 공무원들 각각에 상응하는 직위가 지상에도 있었다.

소북두칠성에 있는 일곱 별 중 4개는 다른 2개의 별과 함께 기원전 2세기 진나라의 '구부러진 배열'인 구진鉤陳을 구성했다. 6성 구진 가운데 한 별은 달을 다스리는 황태자, 다른 한 별은 태양을 지배하는 황제였다. 후궁의 아들인 세 번째 별은 5개의 행성을 다스렸다. 네 번째 별은 황후, 다섯 번째 별은 천궁 자체였다. 황제의 별이 빛을 잃으면 지상의 황제는 권력을 함부로 휘두르지 않았고, 황태자는 자신의 별이 황제의 별 오른쪽에 있을 때 흐릿해 보이면 불안감에 휩싸였다. 황궁을 둘러싼 4개의 별은 네 버팀목 '사보四輔'다. 중국의 천문도에서 이 네 별은 국가의 나머지 일원들에게 명령을 전달하는 임무를 수행하기에 적절한 위치에 있다. 황금양산별자리 화개華蓋는 용자리, 살쾡이자리, 기린자리 같은 북극성 근처의 별들이 서로 이어져 누군가를 보호하는 듯한 모양을 하고 있다. 황궁 거주자와 사절들 너머에는 북두칠성인 북두北斗의 별들이 있다. 하늘의 원칙을 지상에 실현하는

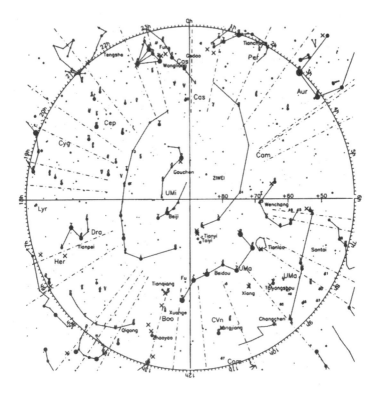

중국 자미궁의 별자리들. 황제를 상징하는 부동의 북극성이 6성 구진 가운데 가장 밝은 별이다.

데 관심이 많은 이 일곱 감독관은 제국의 네 구역을 순시할 수 있도록 땅 가까이 내려올 수 있는 위치에 있다.

오대십국五代十國 시대(10세기) 사람들은 북두칠성을 행정의 중심으로 생각했다. 그곳에는 맹창 황제의 전생이라는 유명한 도사이자 신 '장선'이 있었다. 맹창 황제는 사치스럽고 음란한 생활로 악명을 날렸으며, 그의 요강은 금으로 만들어졌고 진주가 박혀 있었다. 송나라의 초대 황제인 조광윤은 맹창을 무찌르고 황궁을 점령했을 때 번쩍이는 요강을 보고는, 이토록 심한 사치에 빠진 자는 망신을 당해야 마땅하다고 선언했다. 조광윤은 맹창과 그의 귀비 화예부인을 옥에 가두었다. 맹창은 그 후에도 많은 문제를 일으키다가 결국 암살되었다. 화예부인은 잃어버린 연인을 추억하며 맹창의 아름다운 초상화를 그렸다. 황제 조광윤이 그녀를 찾아가 물었다. "이 초상화는 누구를 그린 것이오?" 보복이 두려웠던 화예부인은 "장선을 그린 것입니다"라고 답했다. 장선은 자신에게 제물을 바치면 아들을 낳게 해주는, 쓰촨성의 인기 많은 신이었다. 이렇게 해서 끔찍한 황제 맹창은 고귀한 신의 모습으로 남게 되었다.

또 다른 버전에서 북두칠성은 주기적으로 황궁 주변을 돌며 상황을 점검하는 대신관大神官의 마차로 묘사되기도 한다. 북두칠성을 이루는 별들은 남성과 여성·빛과 어둠·능동과 수동처럼 서로 대립하는 양극단의 긴장감을 해소해주는 '음'과 '양'의 근원이다. 음과 양은 우주의 시간에 따라 주기적으로 차고 기울며, 인간성의 잠재력을 구성한다. 별들은 나라에 무슨 일이 일어날 때마다 하늘에 행운과 불운의 바람을 일으킨다.

자미궁에는 희미한 별로 이루어진 주사柱史(장서실 관리), 여사女史(왕비가 의례적인 의무를 행할 수 있게 돕는 여관), 어녀御女(궁녀), 대리大理(대재판관), 삼사三師(천자를 가르치는 세 교육관), 세勢(내시), 상相(승상), 전사傳舍(여관), 천주天廚(하늘의 주방), 천상天床(하늘의 침대) 등의 별자리도 있다. 하늘의 중국 제국은 속세의 문제도 놓치지 않는다. 혼약의 별, 정신질환의 별, 관절염의 별, 쾌락의 별, 소송의 별, 감옥의 별(가려움의 근원), 여성을 남성으로 바꿔주는 고아의 별 등이 있다.

중국 하늘에는 북두칠성을 닮은 별자리가 또 하나 있는데, 북극에서 저 멀리 떨어진 남쪽의 궁수자리에 분포해 있다. 이 남두육성南斗六星이 북쪽의 북두칠성과 장기를 두고, 그 결과가 생과 사의 문제를 결정한다고 한다. 이 모든 일은 도사인 관로가 안초라는 젊은이를 만나면서 시작되었다. 안초는 건강해 보였지만, 관로는 그가 곧 죽으리라는 걸 알았다. 그래서 그를 도와주기 위해 다음과 같이 조언해주었다.

곧장 집으로 가서 사슴고기와 맑은 술 한 병을 챙겨,
남쪽 밀밭에 있는 가장 큰 나무로 가져가게. 그곳에서
두 노인이 장기를 두고 있을 걸세. 그들에게 식사를 대
접하고 아무 소리도 말게나.
그러면 그들이 자네를 도울 거야.

안초는 관로가 시키는 대로 했다. 하지만 두 노인은 장기에만 몰두할 뿐 그에게 전혀 신경을 쓰지 않는 것 같았다. 가져온 음식을 먹기는 했지만 식사를 즐기는 것 같지도 않았다. 한참이 지나서야 한 노인이 옆에 서 있는 안초를 알아채고는 무심하게 물었다. "자네는 누구이고 여기서 뭘 하고 있는 것인가?" 안초는 자신의 사정을 설명하고 곧 닥쳐올 죽음에서 구해달라고 간청했다. "자네의 수명을 확인해보도록 하지." 다른 노인이 답했다. 사망 나이에 '19세'라고 적혀 있는 걸 본 노인은 선을 그어 숫자를 지운 다음 여백에 '90세'라고 적었다. 안초가 매우 기뻐하며 집으로 돌아가자 그의 친구 관로는 다음과 같이 설명했다.

북쪽에 앉아 있던 노인은 북두칠성이고, 남쪽에 있던
노인은 남두육성이라네. 남두육성은 인간의 탄생을,
북두칠성은 인간의 죽음을 관장하지.

왕은 지상의 왕국에 있는 수도를 우주의 기운과 조
화롭게 배치해야 한다. 그래서 몇 줌의 흙을 허공으로 던
질 때 생기는 패턴이나 땅의 자국들을 해석하는 지관地
官을 불러 풍수 기술을 행하게 했다. 이 전문가는 건물을
어디에 지을지, 내부와 주변은 어떻게 배치할지 등을 결
정했다. 건물을 지을 터의 자기장과 수맥·지세를 통해
우주의 기운을 파악했으며, 갑골(점치기에 사용하기 위해
문자를 새긴 고대의 짐승 뼈와 등딱지)을 참고하기도 했다.
가끔은 일꾼들을 고용해 어마어마한 양의 바위들을 제거
하고 나무를 빽빽이 심어, 음과 양의 기운이 드나드는 길
을 조절했다(지금도 상하이와 베이징의 고층건물들은 풍수에
따라 설계 방향이 바뀌기도 한다). 적절한 도시 형태는 자연
환경, 특히 기본 축들과 얼마나 잘 조화를 이루느냐에 달
려 있었다. 도시가 제대로 기능하려면 정확히 남북으로
일직선을 이루고 완벽한 사각형으로 설계되어야 했다.
역사가 폴 휘틀리에 따르면, "그들은 다림줄과 평행을 이
루는 수직 기둥을 중앙에 세워놓고, 그 기둥으로 태양의

그림자를 관찰한다. 밤이 되면 북극성을 살펴 동쪽과 서쪽을 확실하게 정한다." 중국 역사를 연구한 조지프 니덤이 결론지었듯, 모든 존재의 조화로운 협력이 반영된 우주의 패턴은 그들에게 "어떤 우월한 권위가 아니라 그들 삶에 녹아든 규칙이었다."

베이징은 여전히 고대의 우주 설계를 따르고 있다. 천안문 광장에 서 있으면, 종루와 고루에서부터 인민영웅기념비, 마오쩌둥 기념당까지 완벽한 남북 축으로 쭉 이어진다. 그 선을 계속 이어 나가다 보면 구시가의 성문들을 관통하게 된다. 오늘날에는 북쪽에서 남쪽으로 쭉 이어지며 제국의 자오선을 표시하는 대리석 길이 곧 우주의 축을 나타낸다. 황제의 옥좌가 있는 태화전이 그 축의 북쪽 끝에 있다. 그곳 땅과 하늘이 만나는 지점에서 시선을 들면 바로 북극 주변 지역을 바라보게 된다.

우주와 조화를 이루는 베이징의 도시 설계는 "위에서 그러하면 아래에서도 그러하리라"의 변형이라 할 수 있는 유명한 기독교 기도 문구 "하늘에서 이루어진 것 같이 땅에서도 이루어지리라"를 구현하고 있다. 미국의 수도만 봐도 중국의 천상 도시를 연상시키는 공통된 이념을 발견할 수 있다. 1792년 한 대중잡지에는 워싱턴 D.C.의 구획 정리를 설명하는 에세이가 실렸다. "엘리콧

씨는 천체 관측을 한 뒤, 수도가 될 지역을 지나가는 진짜 자오선을 그었다. 그리고 똑같은 지역을 동서로 지나는 선을 교차시켜 그었다."

태양이 하루 동안 움직이는 경로와 수직을 이루는 북극성의 중앙 위치에서 선을 그어 남쪽으로 확장하는 기법은 중국이 고대 베이징을 건설할 때 사용한 방법과 똑같다. 미국의 전형적인 계획도시 워싱턴은 18세기 프랑스 계몽주의의 산물이다. 프랑스계 미국인 공병 피에르 샤를 랑팡은 유럽의 대도시들과 겨룰 만한 웅장한 도시를 설계했다. 원래는 각 변의 길이가 16킬로미터이고 꼭짓점들이 기본적인 네 방위를 가리키는 완벽한 정사각형 설계였다. 고대 도시들의 중앙에 서 있던 피라미드나 신전들 그리고 이후 도시들의 중심부였던 성당, 절, 모스크 대신 워싱턴 중심에는 국회의사당이 들어서 있다.

계몽주의 철학자 장 자크 루소는 군주제 국가든 민주 국가든 모든 정부는 신들과의 관계를 확립해야 한다고 썼다. 그리고 워싱턴을 찾는 순례자들(오늘날의 관광객들)은 바큇살처럼 뻗은 길과 직사각형 격자무늬로 정리된 구획들을 보며 민족 신화를 마주하는 느낌을 받는다. 국회의사당과 백악관을 잇는 펜실베이니아 애비뉴 그리고 워싱턴 기념탑에서 내셔널 몰을 지나 국회의사당까지 일직선으로 쭉 이어지는 매혹적인 풍경은 의례용 길과 순례길을 설계하던 고대의 풍습을 답습하고 있다. 워싱턴은 우주의 기하학적 구조와 세상의 조화를 모방하며 권력의 중심지, 신성한 공간과 세속적인 공간의 연결점임을 자처한다. 중국인에게 고대 베이징이 그랬듯, 모든 미국인에게 워싱턴은 천상의 도시다.

9장

별이 박힌 천장과 거대한 별자리들

바다 괴물 케토는 하늘에서 가장 큰 별자리인 고래자리의 주인공이다. 케토는 '세상에서 누가 제일 예쁘지?'라는 질문과 관련된 하늘 이야기에 중심인물로 등장한다. 이야기는 이렇게 시작된다. 에티오피아의 여왕 카시오페이아는 자신의 딸인 평범한 인간 안드로메다가 해신 네레우스의 딸들인 바다의 님프 네레이스들보다 더 아름답다고 떠벌리고 다녔다. 카시오페이아의 허풍이 점점 더 심해지자 네레우스의 친구인 바다의 신 포세이돈은 왕국의 해안을 쑥대밭으로 만들고 안드로메다를 잡아먹을 바다 괴물 케토를 보냈다.

고대에 지중해를 건너는 건 위험천만한 일이었다. 기이한 난파 사고가 허다하게 일어나자 해안 주민들은 바다에 온갖 흉악한 짐승이 득시글거리고 있다고 상상하기 시작했다. 구약성경에는 머리가 여럿이고 날개까지 달린 뱀 레비아단을 야훼가 죽이고 그 살을 굶주린 사람들에게 나누어주는 이야기가 등장한다. 그리고 이탈리아반도와 시칠리아섬 사이의 위험하고 좁은 해협에서 소용돌이 카리브디스의 맞은편에 살았던 스킬라라는 괴물도 있다. 원래는 아름다운 소녀였다가 네 개의 눈, 열두 개의 촉수, 여섯 개의 머리, 상어 같은 이빨을 가진 짐승으로 변해 배를 침몰시키고 선원을 잡아먹는다. 스킬라는 '진퇴양난'을 의미하는 "스킬라와 카리브디스 사이"라는 표현의 유래가 되었다.

아프리카 왕국의 통치자들은 이런 이야기들에 위협을 느낄 수밖에 없었다. 그들은 케토가 고래의 머리에 아주 날카로운 이빨 그리고 똬리를 튼 뱀의 꼬리를 가진 거대한 바다 괴물임을 알고 있었다. 포세이돈의 조처에 놀란 카시오페이아와 그녀의 남편 케페우스는 아폴론에게 신탁을 구했다. "그대의 딸을 괴물에게 바쳐 그대의 자만심을 보상하라." 그래서 부모는 아이를 발가벗겨 요파(오늘날의 야파, 이곳에 가면 아직도 그 현장을 볼 수 있다) 해안의 바위에 묶어놓았다.

한편 전사 페르세우스는 그 지역을 위협하고 있던

또 다른 괴물인 고르곤 메두사(독사 머리카락을 가진 날개 달린 여성 괴물로, 그녀와 눈이 마주치는 인간은 돌이 되어버렸다)를 해치우고 집으로 돌아가는 길이었다. 그는 광택이 나도록 문질러 닦은 방패에 메두사를 비추면서, 영리하게 옆걸음질로 살금살금 다가가 그녀를 죽였다. 메두사 머리를 손에 든 채 돌아가던 페르세우스는 케토에게 잡아먹힐 위기에 처한 공주를 우연히 발견했다. 위기일발의 순간 그는 사악한 바다 괴물의 심장에 칼을 깊숙이 꽂아넣어 안드로메다를 구했다. 이후 두 사람은 결혼해서 아홉 명의 아이(일곱 명의 아들과 두 명의 딸)를 낳아 키웠고, 그 아이들의 후손이 미케네를 다스렸다고 한다. 이야기에 적합한 무대를 마련하기 위해 신들은 안드로메다와 페르세우스를 북쪽 하늘에 나란히 놓고, 그리 멀지 않은 곳에 카시오페이아 여왕과 케페우스 왕을 두었다. 반면 바다 괴물 케토는 물고기자리, 에리다누스강자리, 물병자리처럼 물과 관련된 별자리들이 있는 남쪽으로 안전하게 떨어뜨려 놓았다.

고래자리는 내가 좋아하는 별자리였다. 열 살 때 밤하늘의 별을 보는 것만으로는 성이 안 찼던 나는 채색된 마분지를 별 모양으로 오려 방 천장에 붙여놓았다. 그때 우리는 셋집에 살고 있었기 때문에 엄마의 원망 어린 잔

소리를 들어야 했다. 내 침대 위의 중앙 무대에는 고래자리와 오리온자리가, 동쪽 벽에는 짙푸른 리겔이, 서쪽 벽에는 전갈자리가 반짝이고 있었다. 밤새도록 나는 별들에 둘러싸인 채 편안한 마음으로 잠이 들었다.

오늘날 진짜 별들을 볼 수 없는 사람들은 여러 빛깔의 별이 1,500개나 박힌 최신식 광섬유를 사서 천장에 붙여놓고 즐기기도 한다. 마음에 드는 음악을 틀어놓고, 반짝반짝 빛나는 별과 유성(30초마다 나타난다), 은하수를 감상하는 것이다. 욕실을 비롯해 집의 어느 방이든 별 천장을 만들 수 있다. 천장에 채광창을 내서 진짜 밤하늘을 볼 수 있게 해주는 상품도 있다. 어떤 회사에서는 부부를 위한 맞춤형 제작으로, 결혼식 날 밤에 떴던 별들을 캐노피 침대의 천장 면에 배치해준다. 한 소비자는 열성 어린 리뷰를 남겼다. "대단하다! 우리는 별이 하나도 보이지 않는 라스베이거스에 살고 있다. 별 천장 덕분에 정말 별을 보는 것 같은 새로운 경험을 하고 있다!"(사막에 잠깐 나가기만 하면 진짜 별을 볼 수 있을 텐데.)

이집트 제19왕조(기원전 12세기)의 파라오였던 세티 1세도 나처럼 별을 바라보며 잠들고 싶었던 모양이다. 아비도스 유적에 있는 장제전*의 무덤에 별 천장이 있다. 천

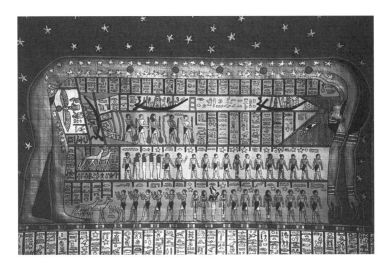

> 이집트 별 천장의 대중적인 버전. 하늘의 신 누트의 몸이 별을 가득 담은 채 하늘에 쭉 뻗어 있다.

장에는 하늘의 신 누트의 몸이 발가락 끝부터 손가락 끝까지 쭉 늘어나 있고, 공간의 신 슈가 그녀를 떠받치고 있는 장면이 묘사되어 있다. 그림에 덧붙여진 글은 천문학과 관련된 실질적인 내용을 담고 있다. "시리우스, 즉 풍요의 신 소티스의 움직임을 지켜보면 언제 새해가 올지 예상할 수 있다. 소티스가 한여름 새벽에 나타나면 나일강이 범람해서 땅이 비옥해지리라. 지는 태양은 누트의

* 고대 이집트에서 국왕의 영혼을 제사하던 숭배전.

입술을 건드린다. 태양은 날개를 접고, 하늘의 신은 지는 별들을 집어삼켰다가 다음 날 아침 다시 별들을 탄생시킨다." 이제 태양은 누트의 발가락 끝에 올라가 있고, 그 옆에 이런 글귀가 새겨져 있다. "이 신의 존엄함은 그녀의 후방에서 나온다." 위로 더 올라가 누트의 허벅지에서 메시지는 계속 이어진다. "그는 어머니 누트의 허벅지를 열어젖힌다." 누트의 가슴부터 사타구니까지 이어지는 표에 10일을 주기로 하는 이집트 달력의 월들이 표시되고, 여기에 상형문자 메시지가 붙는다. "이 모든 일은 아케트(범람기)의 첫 달에 시리우스가 떠오를 때 일어난다."

세티를 비롯한 파라오들은 왜 별들 속에 잠들고 싶어 했을까? 스핑크스를 닮은 신 투투는 방랑하는 악마들의 주인이자 하늘의 보호자로서, 별 천장의 천문학적 상형문자들, 특히 데칸decans(이집트의 황도대에서 연속적으로 떠오르는 36개의 작은 별자리들)을 보호하는 상형문자들에 자주 등장한다. 데칸에는 눈에 보이는 신뿐만 아니라 눈에 보이지 않는 악마도 살고 있었다. 투투는 악마들의 행동을 저지하는 역할을 하며, 자신의 밑에서 영원히 잠든 왕을 지켜준다.

이집트의 (로마계) 프톨레마이오스 왕조 시대(기원전 1세기)에는 신전에 짓는 별 천장이 크게 유행했다. 사랑과 하늘의 신 하토르를 모시는 덴데라 신전의 옥상에 올라가면 사당의 천장에 서양의 황도대와 비슷한 장면이 그려져 있다. 원형의 별자리 지도에 게 모양의 별자리, 전갈 부인(전갈자리), 여신에게 꼬리를 붙잡힌 사자(사자자리) 그리고 옥수수 한 대를 들고 있는 이시스가 보인다. 황소의 앞다리와 하마 신도 있다. 출산을 관장하는 타웨레트(하마)는 뒷다리로 서 있고 젖이 축 늘어져 있는 등 여성적인 특성을 드러낸다. 이집트인은 공격적이고 종잡을 수 없는 수컷 하마보다는 무슨 일이 있어도 새끼를 지켜주는 암컷 하마를 좋아했다. 한 장례 문서에는 세상을 떠난 왕이 하늘로 올라가면 타웨레트의 눈부시게 하얗고 달콤한 젖을 먹게 되리라는 내용의 주문이 담겨 있다.

현대의 교회 천장 역시 하늘의 풍경을 세세하게 그려낸다. 2004년 캐나다 노바스코샤주의 루넌버그에서 유서 깊은 성 요한 성공회교회의 보수 공사가 시작되었을 때 천장에 그려진 수백 개의 별이 발견되었다. 캐나다의 천문학자 데이비드 터너는 그 별들이 무작위적인 패턴으로 그려지지 않았다는 사실을 알았다. 옛 사진들을 검토해보니, 동쪽 높이 그려져 있는 별자리는 페르세우스자리였다. 하지만 묘한 사실은, 노바스코샤주의 위도에서는 페르세우스자리가 북쪽 지평선을 간신히 스쳐 지나갈 뿐이라는 것이었다. 그래서 시간을 거슬러 올라가 보니, 천장의 무늬는 2,000년 전 하늘의 별자리와 완벽하게 일치했다. 터너는 별 천장 설계자들이 크리스마스이브의 황혼 때 루넌버그의 하늘이 어떤 모습이었는지 보여주려 한 것이라는 결론을 내렸다.

공공장소의 별 천장이라 하면, 뉴욕시의 그랜드센트럴역 터미널에 그려진 유명한 그림도 있다. 1913년에 화가 찰스 베이싱이 작업하고 컬럼비아대학의 천문학자 해럴드 제이코비가 감독한 그 그림은 몇몇 별자리의 배치가 부정확해서 항상 신경에 거슬렸다. 하지만 이런 오류를 처음으로 발견한 사람은 내가 아니었다. 1913년, 출퇴근 때 그 역을 이용한 뉴로셀의 한 아마추어 천문가는 모든 별자리가 거꾸로 그려져 있다는 걸 알아채고는 깜박 속을 뻔했다는 사실에 조금 화가 났다. 물병자리가 있어야 할 곳에 페가수스자리가, 오리온자리가 있어야 할 곳에는 게자리가 그려져 있었다. 제이코비 교수는 베이싱이 그림에 참고하는 모형도를 발밑에 거꾸로 둔 채 작업하는 실수를 저질렀다고 주장했다. 바닥에 있는 이미지를 천장으로 옮길 것이 아니라, 모형도를 머리 위에 두고 그림을 그렸어야 한다고 말이다. 《뉴욕 타임스》에 따르면 베이싱은 이런 비난에도 꿈쩍하지 않고 "어찌됐든 정말 아름다운 천장이라는 사실에는 변함이 없다"고 말했다. 애초에 제이코비의 모형도가 잘못됐다는 견해도 있다. 중세의 문서들에는 보통 외부에서 바라본 모습의 하늘이 그려져 있기 때문이다.

별들은 하늘을 이어주고, 우리의 바위 천장에 그려진 별들은 바위들을 이어준다. 별 천장을 짓는 나바호족의 생각에 따르면 그렇다. 뉴멕시코주 북서쪽과 애리조나주 북동쪽의 협곡 이곳저곳에는 이런 걸작이 50여 개 흩어져 있다. 고고학자들이 '천문관 유적'이라 부르는 바위의 돌출부나 우묵하게 들어간 공간에 별들이 황적색, 붉은색, 진회색, 파란색, 검은색의 꽃잎 모양이나 십자 표시로 그려져 있다. 아마도 기다란 나무 막대기에 가죽이나 유카나무 잎을 얹어놓고 거기에 물감을 적셔 그리는 방식을 썼을 것이다. 실제로 확인된 별자리는 아직 없는데, 나바호족이 외부에 비밀로 하고 있기 때문이기도 하다. 그 그림들이 그저 일반적인 별들을 표현하고 있다는 해석도 있고, 특별한 의미를 지닌 특정 별이나 별자리라는 의견도 있다.

　　나바호족은 왜 별 천장을 만들었을까? 그들은 별을

관찰함으로써 병을 진단하고, 불운의 근원을 찾아내며, 저 멀리 떨어져 있는 곳들의 이미지를 떠올린다. 예를 들어 '위대한 별의 노래'라는 의식에서 점쟁이는 의례에 필요한 지식을 별들에게서 얻는다. 먼저 그는 밤에 별들 아래의 바닥에다 모래로 별자리들을 그린다. 천장의 별들처럼 다양한 색깔을 띠는 그 별자리 그림은 위에서 반짝이는 특정한 별빛에서 영적인 힘을 부여받는다고 한다. 모래 그림의 목적은 초자연적 존재의 치유력을 끌어내고, 그 힘을 이용해 환자를 찾아낸 뒤 병자의 몸에서 병을 빨아내는 것이다. 그리고 초자연적 존재들은 그들의 모래 초상화를 보면 우쭐해져서 그 그림들과 하나가 되기 위해 하늘에서 땅으로 내려온다고 한다. 모래 그림에서 확인된 별자리 중에는 호간의 화로를 중심으로 도는 두 개의 나후코(중앙의 불 주위를 도는 자들), 즉 북두칠성과 카시오페이아자리가 있다.

캘리포니아주 남부의 테메큘라 계곡에 있는 루이세뇨족의 별 천장에 그려진 천체들은 정체가 확실하다. 얇은 동굴의 한 쪽 끝에서 다른 쪽 끝까지 쭉 이어져 있는 빗금무늬의 흰색 띠는 은하수를 나타낸다. 양쪽 끝에 그려진 붉은 원반은 동지점이나 하지점에 다다르면 은하수를 건너는 태양일 것이다. 루이세뇨족 사이에서는 태양이 은하수 그물에 걸렸다가 달아나는 내용의 이야기가 구전 설화로 전해 내려온다. 태양은 황도대 너머 북쪽으로 가는 길에 궁수자리의 반짝이는 항성운을 지날 때 그물에 걸리고 만다. 그물의 북쪽에 이르면, 뒤돌아서 다시 남쪽으로 향한다. 추분 즈음 태양은 그물을 벗어났다가, 여섯 달 후 은하수 그물이 쌍둥이자리와 교차하는 겨울의 끝자락에 또다시 붙잡힌다.

태양이 처음 붙잡히는 시기에 맞춰 소년들의 성인식이 치러진다. 먼저 소년들의 어머니들이 박주가리 섬유로 와나와트(신성한 그물), 즉 은하수를 엮는다. 그 다음에는 남자들이 인간 형상의 거대한 도랑을 파고 거기에 그물을 친다. 그리고 바닷가에서 큼직한 돌 세 개를 가져와 그물에 일정한 간격으로 놓는다. 성인식 참여자는 끝에 있는 돌을 밟고 몸을 웅크린 다음 돌에서 돌로 깡충 뛴다. 성공하면 몸이 높이 튀어올라 그물을 탈출할 수 있게 된다. 실패하면 오래 살지 못할 거라고 루이세뇨족은 믿는다. 하늘의 그물과 더불어 이 의식은 우리가 여기 지상에 존재하는 시간이 잠시뿐일지라도 슬퍼해서는 안 된다고 가르쳐준다. 우리의 영혼은 하늘에 있는 우리의 집, 은하수에 머물게 될 운명이니.

데사나족은 아마존강 북서쪽의 열대우림 지역에 살

며 토카노어족의 언어를 쓰는 부족이다. 전해 내려오는 설화에 따르면, 그들의 시조 영웅인 어느 신은 지팡이를 똑바로 들 때 그림자가 생기지 않는 곳을 찾아 세상을 떠돌아다닌다. 마침내 그는 적도에서 신성한 곳을 발견하고 그곳에 자신의 백성을 정착시킨다. 이 이야기에는 한 줄기 빛이 수직으로 내려와 자궁 같은 호수를 꿰뚫고 땅을 기름지게 만든다는 내용이 등장한다. 이 특별한 장소는 하늘과 땅이 맞닿는 지점이며, 그 중심점 주변의 유한한 공간 안에 땅의 생명체들이 자란다. 데사나족은 모든 사물의 근본적인 형태가 육각형이라고 믿는다. 벌집, 말벌 둥지, 거북이의 등딱지 무늬, 샤먼들이 예지력을 얻기 위해 사용하는 수정 등등. 그들은 인간의 뇌뿐만 아니라 여성의 자궁도 육각형 모양이라고 상상한다.

데사나족은 그들의 롱하우스를 육각형으로 짓고, 육각형이라는 모티프에 따라 그들의 사회를 6개의 친족 집단으로 나눈다. 영원히 현존하며 변화의 에너지로 가득한 이 육각형 모델 속에서 데사나족은 만물의 합일을 느낀다. 데사나족 마을 위에 있는 천연의 별 천장에는 육각형의 제한된 공간이 있는데, 그것은 하늘 전체를 차지하는 거대한 별자리 모양을 하고 있다. 폴룩스, 프로키온, 카노푸스(용골자리의 알파성), 아케르나르(에리다누스강자리의 알파성), 에리다누스강자리의 타우3, 카펠라가 육각형의 꼭짓점을 이룬다. 중심점은 오리온의 허리띠에서 가운데에 있는 별, 알닐람이다.

데사나족은 하늘 천장에 있는 거대한 육각형을 아래의 숲 바닥에 투영하여, 그곳을 토카노어족에 속하는 여러 부족의 경계선으로 정한다. 그리고 똑바로 서 있는 그 거대하고 투명한 육각형 수정에 맞추어 땅에 있는 큰 강들의 유명한 폭포 여섯 곳이 배치되었다고 생각한다. 알닐람에서 내려오는 중심축은 적도와 어느 강이 교차하는 지점을 가리키는데, 그곳에는 암각화로 뒤덮인 큼직한 바위가 있다.

그들의 육각형은 사회 조직과 세속의 일에 국한되지 않는다. 데사나족이 머리 위 지붕에 있는 거대한 별자리를 바라보는 시각에는 철학적이고 영적인 측면이 있다. 이 신성한 공간을 나누는 6개의 선은 각각의 사람이 평생 걸어야 하는 '길'을 상징한다. 그 여정에서 샤먼의 조언과 의례의 도움을 받으며 사람들은 진정한 자기 자신이 된다. 남성은 알데바란에서 태어나 인생의 여정을 시작한다. 시계 반대 방향으로 움직여 카펠라로 가면, 의례를 통해 현존하는 존재가 되고 이름을 얻는다. 그런 다음 폴룩스로 가서 더 큰 사회적 가족에 들어간다. 그 다음엔 결혼의 별 시리우스로 향한다. 그러고 나서는 서쪽으로 급격하게 꺾어, 중심에 있는 생식의 별 알닐람에 도착한다. 그의 인생 여정은 출발점이었던 알데바란에서 끝난다. 그곳에서 죽고 부활하여 우주로 돌아간다. 여성은 정반대 방향으로 여정을 시작한다. 시리우스에서 결혼한 다음 남편과 함께 움직인다. 남성이나 여성 모두에게 우주의 육각형에 반영된 인생길은 하나의 영적인 주기가 된다. 어린 시절에서 성숙기를 거쳐 노년기에 이른 다음, 다시 돌아가는 것이다. 그래서 데사나족의 별 천장은 땅에서 일어나는 모든 일의 청사진이자, 생물학적이고 문화적이고 심리학적인 행동에 대해 알려주는 지도나 다름없다. 하늘의 육각형은 아래 세상의 안전을 보장해준다.

얼마 전 북극의 인류학자들은 알래스카 중부의 북위 67도 지역에 사는 그위친족 샤먼들이 알려준, 하늘 전체를 아우르는 별자리를 기록으로 남겼다. 한 원로는 그들에게 "야디는 온 하늘을 뒤덮고 있소"라고 말했다. 야디의 143도 이상이 주극성周極星*으로 이루어져 있다. 꼬

---

* 지평선 아래로 하루 종일 지지 않는 별. 북극성 주변의 별들은 일주운동으로 북극성 주위를 회전하므로 하루 종일 지평선 아래로 지지 않는다.

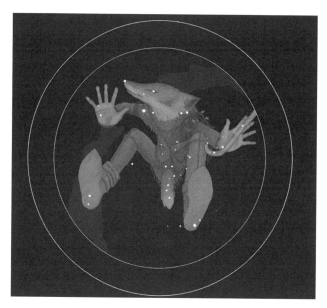

리 달린 남자의 모습을 하고 있는 야디는 꾸부정하게 고
개를 숙인 채 한 손에 지팡이를 들고 밤하늘의 동쪽에서
서쪽으로 천천히 움직인다. "야디가 걷고 있어요"라고
한 주민은 말한다.

　　야디의 왼손은 사자자리의 레굴루스와 그 주변 별
들, 반대편에 있는 오른손은 안드로메다자리의 별들로
이루어져 있다. 코요테를 닮은 큼직한 얼굴은 카스토르
와 카펠라에 해당하는 두 귀로 그 윤곽이 드러난다. 야디

의 코는 플레이아데스성단이다. 두 다리에 있는 별들의 정체는 아직 확인되지 않았지만, 쫙 벌린 두 발에 해당하는 별은 아르크투루스와 데네브(백조자리의 알파성)다. 사자자리에서 레굴루스 근처에 있는 다른 별들은 야디가 손에 들고 있는 지팡이의 윤곽을 보여준다. 북두칠성 꼬리는 딱딱하게 얼어붙은 눈길을 느릿느릿 쓸며 은하수 길을 닦는다. 안타깝게도 하늘의 이 거대한 남자에 대해서는 할 이야기가 그리 많지 않다. 아직도 인류학자들이 야디의 정체를 연구하고 있는 중이기 때문이다. 하지만 그위친족 주민들은 야디에 관한 질문을 받으면 그가 "하늘에서 우리를 지켜주고 있다"고 자신 있게 말한다. 야디의 몸이 천극 주변에 있어 절대 하늘에서 사라지는 법이 없으니 영원한 보호를 약속받은 셈이다.

그위친족이 사용하는 언어는 데네어족에 속한다. 땅을 여행 다니는 데네 부족의 신 예다리예는 '높은 곳에 사는' 자비로운 정령으로 묘사된다. 가끔 그는 곤란에 처한 사람을 돕기 위해 끼어들기도 한다. 데네어를 사용하는 원어민이 275명밖에 남아 있지 않은 미국 북서부 해안 지역의 치므시족 원주민은 그들의 하늘 추장이 낮의 햇빛을 지켜준다고 믿는다. 세상이 영원한 어둠 속에 잠겨 있던 옛날, 영악한 까마귀는 추장이 천상의 집에 있는 어느 상자에 고이 모셔둔 햇빛을 훔치러 갔다. 까마귀는 동쪽으로 날아가 천상의 눈부신 햇빛 속으로 돌진해 들어간 뒤 추장의 집 밖에 있는 나뭇가지에 살며시 내려앉았다. 추장의 딸이 양동이에 물을 받으러 밖으로 나오자 까마귀는 나뭇잎으로 둔갑해 양동이 속으로 떨어졌다. 어린 소녀는 그 물을 마시자마자 잉태를 했다. 그녀는 반짝이는 눈을 가진 남자아이를 낳았고, 소년이 된 아이는 햇빛이 든 상자를 가지고 놀게 해달라고 끈질기게 졸랐다. 추장이 마침내 상자를 넘겨주자 소년은 까마귀로 변신해 상자를 가지고 달아났다. 아래 세상으로 다시 들어가야 하는데 오랫동안 아무것도 먹지 못한 까마귀는 최초의 인간들과 거래를 시도했다. "먹을 것을 주면 햇빛을 조금 나누어주마." 인간들이 거절하자 까마귀는 발끈하여 햇빛이 든 상자를 박살내버렸고, 거기서 흘러넘친 빛이 최초의 인간들을 모조리 죽였다.

데네족의 상상 속에서 반인반수들은 지구를 빙빙 돌아다니면서 위험한 짐승을 없애거나 오늘날 땅을 배회하는 동물들처럼 덜 위협적인 모습으로 변신시켰다. 이 초자연적인 반인반수의 여행자가 노인이 되어 할 일을 마치고 여행을 끝내면 온 하늘을 차지하고 있는 별자리 야디가 될지도 모른다. 밤하늘의 다양한 위치에 끊임없이 등장하는 그를 바라보며 사람들은 금기와 규범 그리고 동물을 대하는 방법 같은 관습에 대해 이야기한다. 하지만 무엇보다 그는 우리를 지켜보며, 혹여나 인간이 고대의 가르침에서 멀어질까 항상 경계하고 있다. 그렇게 되면 위험한 짐승들이 또다시 세상에 위협을 가할 것이다.

20세기 초반의 민족학자 존 해링턴은 다음과 같이 썼다.

주니족의 별자리인 '밤의 추장'이야말로 지금까지 알려진 인디언 부족의 별자리 중 가장 장엄하다. 밤의 추장은 거대한 인간의 형상을 하고 있는데, 머리는 이미 서쪽으로 졌거나 아니면 지평선 부근의 구름에 가려져 있고, 심장은 하늘 복판의 은하수에 있으며, 두 다리는 동쪽 지평선 너머까지 멀리 뻗어 있다고 하니, 우리 눈에 보이는 하늘 전체보다 훨씬 더 크다.

해링턴의 꼼꼼한 메모를 이용해 학자들은 '밤의 추장'의 심장이 베가, 데네브 그리고 북십자성 일부에 해당한다는 사실을 확인했다. 그의 오른팔은 오리온의 허리띠이며, 구부러진 긴 다리는 북쪽의 아르크투루스에서 남쪽의 스피카(처녀자리의 알파성)와 안타레스까지 뻗어 있다. 밤의 추장은 왜 이렇게까지 커야 할까?

주니족 원로들은 1년 내내 인간 세상을 지키는 것이 그의 의무여서 몸의 일부가 항상 사람들 눈에 보여야 하기 때문이라고 설명한다. 하늘의 신들은 낮과 밤을 지키면서 항상 균형을 유지해야 한다. 너무 어두워도, 너무 밝아도 안 된다.

현대의 별자리표에서는 이집트나 데사나족, 그위친족, 주니족의 거대 별자리 같은 건 찾아볼 수 없다. 서양에서 고래자리가 군림하기 전에는, 이아손이 황금 양피를 찾으러 원정을 떠날 때 탔던 배 아르고자리가 가장 큰 별자리였다. 아르고자리는 겨울에 남쪽 지평선 가까이에서 은하수의 남쪽 부분을 항해한다. 안타깝게도 이제 아르고자리는 단일한 별자리로 간주되지 않는다. 1922년에 국제천문연맹이 그 별자리를 용골자리, 고물자리, 나침반자리, 돛자리, 이렇게 네 부분으로 쪼개버렸기 때문이다. 뱃머리가 빠졌다. 안개 속으로 사라져버리기라도 한 걸까?

10장

하늘의 여자와 남자

이로쿼이족은 계절의 도착을 알리는 하늘의 전령들을 '달리는 자들'이라 부른다. 밤에 지평선에서 나타나 하늘로 올라가는 별자리들이다. 일곱 자매는 한겨울을 예고하고, 일곱 형제는 한여름이 오리라는 신호를 보낸다. 이로쿼이족 이야기에 따르면, 최초의 시대에 별이 가득한 하늘에 떠 있던 일곱 자매는 거대한 거북이의 등에서 창조된 거북이섬을 내려다보았다. 안타깝게도 사람들은 침울한 표정으로 이리저리 방랑하고 있었다. "웃는 사람이 아무도 없잖아." 한 자매가 말했다. "춤추는 사람도 없어." 또 다른 자매가 말했다. "어떻게 저럴 수가 있지?" 그래서 그들은 지상으로 내려가 인간에게 노래하고 춤추는 법을 가르쳐주기로 했다. 하늘 회의의 한 일원이 그들에게 경고했다. "인간은 떨어지는 별을 두려워하지. 지난 번에 어떤 별이 모호크족 마을로 떨어졌다가 인간 몇 명 이 다쳤거든." 그래도 자매들은 결심을 꺾지 않았다. 부족 사람들은 하늘에서 떨어지는 일곱 자매를 지켜보며 윙윙거리는 소리와 반짝거리는 빛에 겁을 집어먹었다. 하지만 귀를 쫑긋 세우다가 빛과 소리의 향연에 매혹되어, 들리고 보이는 것을 흉내내기 시작했다. 어느새 그들 은 춤추고 노래 부르며 미소 짓고 있었다. 애석하게도 자매들은 너무 좋은 약을 베푼 죄로 하늘 회의에 불려갔다. 그래도 우리는 그들이 옳은 일을 했음을 안다. 그들이 나타날 때마다 부족민들이 "일어나요, 어머니 대지여! 노래해요! 춤춰요!" 하고 외치는 소리가 들리니까 말이다.

일곱 자매 이야기의 남성 버전은 없을까? 별자리는 최근에야 확인되었지만, 일곱 형제의 이야기도 엄연히 존재한다. 일곱 명의 어린 소년들이 롱하우스의 끄트머리에 있는 수풀에서 놀고 있었다. 배가 고파진 그들은 씨족의 어머니에게 가서 음식을 달라고 부탁했지만, 그녀는 집안일 때문에 바쁘다며 거절했다. 소년들은 다시 놀면서 배고픔을 잊으려 노력했다. 그러나 오래 지나지 않아 다시 가서 밥을 달라고 애원할 수밖에 없었다. 이번에도 그들은 골칫거리 취급당하며 쫓겨났다. 이런 일을 세 번 당한 후, 맏이가 북을 만들었고 동생들은 형이 두드리는 리듬에 맞춰 신성한 나무를 돌며 춤추기 시작했다. 곧 그들의 발이 땅에서 떨어지기 시작하고 그들은 하늘까지 올라갔다. 무슨 난리인가 싶어 집 밖을 내다본 씨족 어머니는 하늘로 올라가는 소년들을 보았다. "내가 무슨 짓을 한 거지?" 그녀는 자신이 먹을 것을 주지 않아 아이들이 달아났다는 사실을 깨닫고는 이렇게 울부짖었다. 그러고는 허둥지둥 집 안으로 달려 들어가 맛있는 음식을 한아름 안고 나와서는 아이들에게 돌아오라며 손짓했다. 하지만 늦었다. 아이들은 이미 저 멀리 하늘 세계로 올라가는 중이었다. 우리는 그곳에 함께 무리 지어 있는 아이들을 아직도 볼 수 있다. 이 이야기의 교훈은 무엇일까? '음식은 항상 준비해두세요, 어머니.' 그래서 오늘날까지도 이로쿼이족의 롱하우스에는 언제나 사가미테(옥수수 스튜)가 화롯불 위에 놓여 있다.

일곱 형제는 정확히 하늘의 어디에 있을까? 오랫동안 민족지 학자들은 일곱 자매와 일곱 형제 모두 플레이아데스성단과 관련된 이야기라고 생각했다. 하지만 지금은 일곱 개의 '남성' 별이 플레이아데스성단의 정반대쪽, 그러니까 천구의 북극 맞은편에 똑같은 거리로 떨어져 있을 거라는 의견이 지배적이다. 그 선을 따라가다 보면, 북아메리카 부족들이 '추장 회의'라 부르는 북쪽왕관자리의 일곱 별들 사이에 이르게 된다(사슴 가죽에 그려진 포니족의 유명한 별자리표 한가운데에 무리 지어 있어 쉽게 찾을 수 있다). 여름이 시작된 직후 가장 높이 뜨는 이 별자리는 플레이아데스성단과 정확히 평행으로 움직이면서, 이로쿼이족의 모든 것이 그렇듯 완벽한 대칭을 이루며 양성 간의 균형을 맞춘다.

눈치챘을지 모르겠지만, 다른 문화권의 많은 이야기와 마찬가지로 이로쿼이족의 설화에서도 별자리의 기원과 이름이 그리스-로마 신화와 사뭇 다르다. 서양 신화에서 남성 신은 긍정적인 인물로 등장하는 반면, 여성 신은 대체로 부차적이고 부정적인 역할로 밀려난다. 칼리스토의 역할을 예로 들어보자. 만물을 지배하며 뭐든 자기 마음 내키는 대로 하는 제우스에게 겁탈당한 그녀는 죄인이 되어 하늘의 곰으로 변하는 벌을 받는다. 가여운 안드로메다는 또 어떤가. 그녀는 아름다운 외모 때문에 바위에 묶여, 페르세우스의 영웅적인 활약만 목 빠지게 기다려야 하는 신세가 된다. 그리스 신화에서 그런 부정적인 역할을 탈피한 여성 인물이 몇몇 있기는 하다. 예를 들면 천사의 날개를 달고 있는 정의의 신 디케(처녀자리)와 아틀라스의 딸들(플레이아데스성단)이 그렇다. 아리아드네의 왕관(북쪽왕관자리)도 그렇고, 프톨레마이오스 3세의 왕비 베레니케가 전쟁에 나가는 남편의 무사 귀환을 빌며 제물로 바쳤던 금발 곱슬머리(머리털자리)도 호의적으로 묘사된다.

우리의 그리스-로마 선조들만 여성혐오적인 내용의 신화를 만든 건 아니다. 아즈텍의 '태양과 전쟁의 신' 우이칠로포츠틀리 이야기를 기억하는가(53쪽). 어머니의 자궁에서 무장한 모습으로 튀어나온 그는 어머니 살해음모죄를 저지른 반역자 누이 '달의 신'을 갈가리 찢어 죽였다. 중국의 경우엔 자미궁의 여성 별자리가 별로 많지 않아 열심히 뒤져봐야 한다. 그중 하나가 왕비의 의례 이행을 돕는 '여사女史'라는 희미한 별(용자리의 프시성)이다. 고대의 왕실 기록에 따르면, 그 별이 밝게 빛나면 사관들은 정직하게 기록하고 희미할 땐 정직하지 못하게 기록하는 경향이 있다. 그리스-로마의 사자자리에 해당하는 헌원軒轅이라는 신은 풍요와 다산을 책임지는 암컷 응룡應龍(비를 내리는 용)이다. 큰곰자리의 별들로 이루어진 여어궁女御宮에는 '내부 배우자, 일곱 열정 중 가장 고귀한 열정'이라는 고결한 명칭이 붙었다.

그리스-로마, 아즈텍, 중국 모두 매우 가부장적인 역사를 갖고 있다. 여성들이 지은 이야기가 있었는지는 몰라도, 지금까지 살아남은 것은 없다. 여성의 역할을 진실하게 들려주는 이야기를 찾으려면 북아메리카의 이로쿼이족, 나바호족, 라코타족과 오스트레일리아, 아프리카, 아마존강의 원주민들처럼 위계질서가 덜 엄격한 문화권으로 눈을 돌려야 한다. 이들 문화권에서 별자리를 이용한 전통적인 이야기들은 철저하게 비밀로 지켜지지 않는 한 남성과 여성 이야기꾼 모두를 통해 전해 내려오는 경우가 많았고, 이 이야기들의 핵심 주제는 지금까지도 현실적인 가치를 지니고 있다.

이로쿼이족 사회에서 성별은 항상 조직 구성의 기본 원리였다. 여성과 남성은 서로를 보완해주는 이야기를 통해 별에 관한 균형 잡힌 신화를 만들어낸다. 이로쿼이족의 창조 신화를 예로 들면, 사회의 여성을 대표하는 링크스와 하늘 여자는 경작할 수 있는 식물들을 제자리에 배치하는 일을 맡았고, 그들에 대응하는 남성들, 즉 우리의 수호자들은 주변의 나무와 야생 숲을 만들었다. 역사의 시대 구분 또한 양성 모두가 담당했다. 창조의 제1기에는 여성이 두 주기를, 남성이 한 주기를 맡았다. 하지만 2기에는 2 대 1의 비율이 반대로 뒤집혔다. 오늘날 우리는 3기를 살고 있으며, 그 상반기는 남성 주기였다. 이 시대는 여성 주기가 나타나 균형을 잡아주기 전까지는 완성되지 않는다. 이 모든 일은 하늘에서 펼쳐진다. 한여름의 별자리는 남성이고, 한겨울의 별자리는 여성이다. 이 별자리들이 짝을 맞추어야 한 해가 완성된다. 남성은 여름철에 대회의를 열고, 여성은 '세 자매(옥수수, 콩, 호박)'를 긴 겨울잠에서 깨우기 위한 의례를 행한다. 그리고 알다시피, 일곱 자매와 일곱 형제 사이의 균형도 있다.

1800년대 중반, 민족학자 앨리스 플레처는 수Sioux족의 땅까지 국토를 횡단하는 위험한 여행에 도전했다. 그곳에서 그녀는 아메리카 원주민 이야기꾼이나 작가들과 협력하여 아메리칸 인디언의 교육과 음악 그리고 토착 문화와 유럽 문화의 융화에 관한 광범위한 저서를 작업했다. 또한 1887년 도스법Dawes Act의 작성과 통과를 도왔다. 원주민들에게 세금이 면제되는 토지를 각각 할당해줌으로써 결국 인디언 보호구역을 해체하려는 목적의 법안이었다. 플레처는 전국 여성인디언협회와 함께 일하면서 여성 문제에 많은 관심을 기울였다. 아메리카 원주민 남성과 여성의 관계에 대한 우주 설화를 탐색한 최초의 외부인이기도 하다. 그녀의 선구적인 노력 덕분에 오늘날 우리는 수많은 하늘 이야기뿐 아니라 그 안에 담긴 상세한 내용까지 알게 되었다.

대초원 지대*의 원주민에게는 너무나 기본 개념인 '성별 균형'을 다룬 초기 논문에서 플레처는 포니족에 관해 썼다. "모든 것은 남성 아니면 여성이다. 만물이 영속하려면 이 두 존재가 꼭 필요하다." 이로쿼이족과 똑같이, 동쪽과 남쪽은 남성, 서쪽과 북쪽은 여성이다. 위는 남성, 아래는 여성이다. 각 성별은 그들의 수호성들(어떤 별들인지는 알 수 없다) 아래에 사당을 갖고 있었다. 기본적인 사당들 사이의 방위(북동·남동·남서·북서)에 뜨는 별들도 있었다. 남성과 여성이 번갈아 가며 제의祭儀를 주도했고, 참석자들은 그들의 지휘 아래 지평선 부근의 거점들로 움직였다. 그 여정은 서쪽에서 시작해 시계 방향을 따라 북쪽, 동쪽, 남쪽으로 진행되었다.

앨리스 플레처는 아메리카 원주민들과 친해지긴 했지만 엄연히 외부인이었고 시대를 너무 앞서 있었다. 그래서 땅과 하늘을 연결짓는 상징적인 두 힘 뒤의 다채로운 세부 내용들을 얻어내지는 못했다. 하지만 원주민들과 섞여 살던 이후의 혼혈 연구자들은 여성과 남성의 관계, 특히 결혼과 가정생활의 중요성을 별자리와 연결짓

* 　미국과 캐나다에 걸쳐진 로키산맥 동쪽의 대고원 지대.

는 설화들을 발견했다. 그중 별의 남편과 땅의 아내에 관한 이야기가 널리 퍼져 있다. 86가지의 버전이 기록으로 남아 있는 '별의 남편' 이야기는 들려주는 사람이 누구냐에 따라 그 의미가 달라진다.

두 소녀가 밖에서 밤을 보내며, 별이 총총히 박힌 하늘을 올려다본다. 그들은 한 쌍의 별을 고른 다음, 자기가 좋아하는 별과 결혼하게 해달라고 각자 소원을 빈다. 잠에서 깨어나 보니 그들은 천상의 세계에 있고, 한 소녀는 젊은 남자 별과, 다른 소녀는 노인 별과 부부가 되어 있다. 그들은 규율을 깨고 하늘에 탈출구를 뚫는다. 출구 사이로 아래 세상에 있는 자신들의 집이 보이자 돌아가고픈 마음이 간절해진 소녀들은 밧줄을 구해서 타고 내려간다.

외부의 과학 지식에 영향을 받은 듯한 이후 버전에서는, 희미한 별을 고른 소녀가 용감한 젊은 추장의 아내가 되었다. 그녀를 매혹시킨 별이 약하게 빛난 이유는 아주 멀리 떨어져 있었기 때문이다. 반면 다른 소녀는 그저 땅에 더 가까워서 아주 밝아 보이는 별을 골랐다가 하인의 아내가 되었다. 자신의 자매가 추장과 결혼했다는 사실을 알게 된 그녀는 슬퍼하며 울었다. 그래도 그들의 사이는 틀어지지 않았다. 두 자매는 구름 속에서 만나 야생

순무를 따곤 했지만, 아무 일도 할 필요가 없는 추장의 아내는 자매에게 대신 따달라고 부탁했다. 어느 날 하녀 자매는 천상 세계의 규율을 깨고 순무의 밑동을 두 번 때려 하늘에 구멍을 내고 말았다. 두 자매가 구멍을 내려다보니 그들의 집이 보였다. 돌아가고 싶어진 자매는 탈출을 시도했지만, 하인 남편이 추장을 찾아갔고 추장은 두 자매 모두 포로로 붙잡아 두기로 했다.

한편 아래 세상에서는 마을 사람들이 두 소녀의 실종을 슬퍼하고 있었다. 어느 날 한 무리의 소년들이 놀다가 하늘을 올려다보니 두 개의 별이 하늘에서 내려오고 있었다. 그곳으로 달려간 소년들은 땅에 내려앉고 있는 두 소녀를 발견했다. 소녀들은 허리에 밧줄을 매고 있었다. 추장이 마음을 돌린 것이다. 추장은 천상의 세계에 있는 올가미 밧줄을 모조리 그러모아 엮어서 기다란 밧줄 두 개를 만들었다. 그런 다음 두 자매의 허리에 밧줄을 하나씩 묶어 조심스럽게 집으로 내려주었다. 소년들은 슬픔에 젖어 있는 자매의 부모에게 두 소녀의 귀환 소식을 기쁘게 알렸다. 그러면서 두 소녀 중 한 명은 슬퍼 보이고 한 명은 행복해 보인다고 말했다.

이 이야기의 또 다른 버전에서 소녀들은 순무 뿌리로 긴 밧줄을 만들어 내려가라고 조언해준 천상 세계의 어느 지혜로운 노인 덕분에 집으로 돌아온다. 많은 이야기들이 그렇듯, 별 남편 이야기도 들려주는 사람이 누구냐에 따라 내용이 많이 달라진다.

라코타족의 산파들은 별의 정령에 접근할 수 있는 샤먼으로 여겨진다. 그들은 자신들이 꿈을 통해 부름을 받는다고 말한다. 산모가 진통이 시작되면 산파는 출혈을 줄여주거나 태반이 나오는 속도를 높여줄 특별한 풀을 가져간다. 그리고 출산의 여자(푸른 여자)에게 기도하면, 북두칠성의 국자 부분에 뚫려 있는 구멍으로 그녀가 내려온다. 출산의 여자는 아기의 영혼을 이 세상으로 인도하고 분만의 고통을 덜어준다. 그녀는 영혼들을 물질 세계에 환생시킨다. "그리고 그 영혼들이 죽고 나면 물질 세계를 떠나 북두칠성의 구멍을 통해 그들의 원래 자리인 영혼의 세계로 돌아갈 수 있도록 도와준다." 라코타족은 임신이 여자를 더 강하게 만들어준다고 말한다. 몸 안에 깃든 새로운 생명이 힘을 더해준다는 것이다. 그러니 그 시간을 헛되이 보내지 않는 것이 좋다. 산파의 마지막 임무는 아기의 '체크파', 즉 배꼽(실제로는 탯줄이다)을 보존하는 것이다. 산파는 거북이나 도롱뇽 모양의 구슬 박힌 주머니에 그것을 넣어둔다. 딸의 탯줄은 확고함과 긴 수명, 인내를 의미하는 거북이 모양의 주머니에 보관한

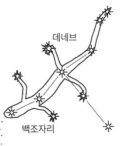

라코타족의 거북이와 도롱뇽 별자리.

다. 아들이면, 융통성과 민첩함을 가진 도롱뇽을 본떠 만든 주머니에 탯줄을 간직한다(예를 들어 도롱뇽은 꼬리를 잃어도 새 꼬리가 자란다).

한 쌍의 라코타족 별자리는 아기의 탄생과 관련되어 있다. 페가수스의 사각형 별들은 거북이의 네 다리를, 백조자리와 그 동쪽과 서쪽에 인접한 별들은 도롱뇽을 이룬다. 갓 출산한 어머니는 갓난아기에게 거북이나 도롱뇽의 속성을 내려달라고 적절한 별자리에 빌어야 한다. "어머니와 아이를 이어주던 줄은 출산 때 끊어지지만, 영혼의 세계와 아이는 이어져야 하고 그 줄은 절대 끊어져서는 안 된다."

지구 건너편의 견우와 직녀 이야기 역시 시간과 상

황에 따라 변화를 겪는다. 3세기 한나라의 슬픈 부부 이야기는 여름 하늘에서 가장 밝게 빛나는 별이 여주인공을 맡는다. 젊고 부지런한 직녀(베가)는 거의 하루 종일 베를 짠다. 그녀의 아버지 천제는 베 짜기에만 집착하는 직녀를 걱정하며 딸이 결혼을 비롯한 다른 일에도 관심을 가지기를 원한다. 그래서 아버지는 그녀에게 하늘의 은빛 개울(은하수) 건너편에서 소를 치는 견우(알타이르)를 소개해주고, 두 사람은 첫눈에 사랑에 빠져 결혼한다. 하지만 그 후 직녀의 행실이 급격히 바뀐다. 베틀은 완전히 내팽개쳐 놓고 흥청망청 놀기만 하는 것이었다. 천제는 직녀의 남편을 탓하며 부부를 떼어놓기로 한다. 견우에게 강 건너편(동쪽)으로 돌아가라고 명한 뒤, 두 사람을 일 년에 딱 한 번 칠월칠석에만 만날 수 있게 해준다. 그리고 까치 떼에게 해마다 직녀가 은하수 동쪽으로 건너갈 때 별들의 강 위로 다리를 놓아 그녀의 작은 발을 받쳐주라고 명령한다.

이렇게 해서 직녀는 베틀로, 견우는 소들에게로 돌아간다. 고대하던 첫 재회의 시간이 다가오자 까치들은 때를 맞춰 모여들어 날개를 잇고, 직녀는 그 다리를 건너 기쁨에 젖은 연인의 품속으로 뛰어든다. 이런 식으로 부부는 남은 생애 동안 결혼생활을 지속하지만, 안타깝게도 만남의 날에 비가 와서 천상의 강이 넘치면 그해의 재회는 취소되고 만다. 직녀와 견우의 결혼을 숭배하는 여자들은 베 짜기와 바느질 기술을 익히고 싶어 하며, 칠월칠석에 날씨가 맑기를 기도한다. 중국과 일본의 사랑시들은 기나긴 이별 앞에 고군분투하는 두 연인의 이야기를 노골적으로 끌어다 쓴다.

> 견우 : 헤어질 때 아주 잠깐 그녀를 보았지. 날아가는 각다귀를 보듯 희미하게. 이제 나는 예전처럼 헛되이 그녀를 갈망한다네, 우리의 다음 만남이 다가오기 전까지.

> 직녀 : 무수히 많은 세월 동안 우리는 손에 손을 잡고 얼굴을 맞대야 하겠지만, 우리의 넘치는 사랑은 결코 끝나지 않으리. (그런데 왜 하늘은 우리를 갈라놓으려 하는 걸까?)

3세기 후 당나라(600~900년) 때의 견우직녀 신화에는 그들의 이별에 관한 다른 내용이 추가된다. 견우는 오랜 기간의 이별로 직녀와 부부간의 행복을 누리지 못하게 되자 소들을 우리(독수리자리의 남쪽에 있는 염소자리에

자리잡고 있다)에 남겨두고, 저 멀리 떨어진 요부를 찾아가 그녀와 사랑을 나눈다. 직녀 역시 정절을 지키지 않아, 지상으로 내려와서 곽한이라는 인간과 여러 번 불륜을 저지른다.

아프리카 남서부에 사는 코이코이족(호텐토트족)의 '오리온자리 신화'는 '여자들의 저주 신화'라고도 불리며, 힘 있는 여성들의 시대를 예고한다. 19세기의 한 영국 선교사가 전하는 바에 따르면, 이 이야기는 쿠누세티(플레이아데스성단)가 그들의 남편에게 명령을 내리면서 시작된다. "가서 저 얼룩말 세 마리(오리온의 허리띠에 있는 세 별들)를 활로 쏴 죽여. 빈손으로 집에 올 생각은 하지 마." 안타깝게도 남편은 달랑 한 개의 화살만 가지고 사냥에 나섰다. 얼룩말들을 발견한 그는 허둥지둥 활을 쏘았지만 화살은 빗나가고 말았다. 한편 사자 한 마리가 반대편에 서서 이 서투른 사냥꾼을 재미있게 구경하고 있었다. 그는 화살을 되찾아 다시 쏠 여유가 없었기 때문에 사냥에 실패하고 말았다. 이 가엾은 사냥꾼은 아내들의 저주를 받은 후 밤새도록 밖에서 와들와들 떨며 갈증과 허기에 시달려야 했다. 쿠누세티는 다른 남자들에게 말했다. "남자들이여, 당신들이 우리(여자들) 상대가 된다고, 우리와 동등하다고 생각하는가? 우리는 사냥감을 죽이지 못한 남편을 집 밖으로 내쫓았다."(여담이지만, 선교사는 이 신화가 세상을 제대로 이해하지 못한 단순한 인간들이 계속 지껄여댄 재미없고 혐오스러운 이야기라고 주장했다.)

오스트레일리아 빅토리아주 북서부의 원주민인 부롱족의 별자리 이야기는 서양의 별 이야기보다 여성들을 훨씬 더 현실적으로 그리고 있는 것 같다. 새와 관련된 별자리들인 예레데트쿠르크와 네일로안이 좋은 사례이다. 야행성의 요정 올빼미 예레데트쿠르크는 천구의 남극을 사이에 두고 남십자성과 마주 보고 있다. 아케르나르가 그녀의 눈이다. 그녀는 새끼들에게 줄 먹이를 발톱으로 붙잡은 채 둥지로 돌아가면서 남쪽 지평선의 우듬지들을 스쳐 지나간다. 그녀가 가까이에 날아가면 '예르' 하는 소리가 들린다. 원주민들이 '아내들의 어머니'라 부르는 예레데트쿠르크는 장모와 사위의 관계에 대한 행동규범, 적절한 결혼을 통해 근친상간을 예방하는 규칙 등을 정한다. 한 인류학자가 지적했듯, 그런 규범들은 부롱족 같은 작은 공동체가 혈통을 이어 나가는 데 꼭 필요하다. 아름다움(예레데트쿠르크는 파란색과 흰색의 보드라운 깃털을 과시한다), 새끼를 낳아 보호하고 먹이를 주는 모성, 깨끗한 집안 관리 같은 여성적인 자질들 때문에 그녀는 오스트레일리아 남동부 여성들에게 하나의 토템이 된다.

우리의 닭과 동족인 풀숲무덤새의 별자리 네일로안은 북쪽 하늘에 있다. 그 발들 중 하나에 해당하는 베가는 네일로안이 알을 품기 위해 큼직한 둥지를 지을 때 발을 힘차게 차는 모습을 연상시킨다. 4월에 그 별자리에서 퍼져 나가는 거문고자리 유성군#은 네일로안이 둥지를 짓는 동안 허공에 날리는 먼지와 잔가지들이라고 한다. 풀숲무덤새의 암컷과 수컷은 평생 짝을 바꾸지 않으며 성별의 역할이 뚜렷하게 정해져 있다. 그래서 사람들은 네일로안을 보며 자신들이 바라는 가정생활, 특히 공동 육아의 개념을 되새긴다. 수컷은 둥지를 짓고 알을 지키며, 암컷은 새끼들에게 먹이를 먹인다(새끼들은 태어나고 나면 부모와 접촉을 거의 하지 않는 것 같다. 어려서부터 독립심을 길러주기 위해서일 것이다).

흥미롭게도 새와 관련된 부롱족의 별자리 대부분은 평생 짝을 바꾸지 않는 종種들을 찬미한다. 예를 들어 카노푸스가 포함된 '와르'라는 별자리는 까마귀를 가리킨다. 와레필이라는 별자리는 오스트레일리아에서 가장 큰 새인 쐐기꼬리독수리이며, 시리우스가 그 머리에 해당한다. 와레필은 그의 아내 콜로굴로릭 와레필(오리온자리 남쪽에 리겔을 중심으로 모여 있는 별들)과 나란히 날아다닌다. 그들은 해가 뜨고 질 때 지평선 가까이로 함께 날아와 그

들의 영토를 점검한다. 부롱족은 와레필과 콜로굴로릭이
서로 반대편 반족^{半族}* 출신이어야 제대로 된 결합이라고
말한다.

　　여성과 남성의 보완적인 관계를 강조하는 토착 별
자리들은 현실적이고 사회적인 재미를 담아 메시지를 전
하는 경우가 많다. 나는 느트슌(남쪽물고기자리의 포말하우
트)에 얽힌 이야기를 좋아한다. 보츠와나의 츠와나족은
그 별을 '키스하는 별'이라고 부른다. 겨울 아침, 연인들
이 부모에게 들키지 않으려고 막 헤어지려는 그 시간에
나타나기 때문이다.

---

*　　부족 사회가 2군의 친족 집단으로 구성되어 있을 때 그 각각을 가
　　리키는 말.

칼 세이건은 널리 읽힌 그의 저서 『코스모스』에서, 창조와 하늘에 관한 모든 신화는 우주가 인간이나 동물의 전례를 따른다고 전제하기 때문에 고지식하다고 말한다. 그가 보기에 하늘과 관련된 설화나 신화는 우리의 빅뱅 우주론과 아주 다르다. 과학적 이론으로 따지자면 우주는 그 자체를 위해 존재하며, 우리는 우주에서 일어나는 현상을 관찰하고 해석한다. 때로는 수정해가면서. 마찬가지로 천문학자 웨인 오치스턴은 식민지 시대 이전 오스트레일리아의 천문학에 관해 쓰면서, 원주민들이 "다양한 천체와 그 현상의 진정한 본질을 이해하지 못했기 때문에 설명을 찾기 위한 방편으로 신화를 만들어냈다"고 결론짓는다. 세계 신화의 해석자로 유명한 조지프 캠

벨마저 오스트레일리아 원주민들이 꿈속 현실과 낮 시간의 사건들을 혼동한다고 말했다.

과학으로 무장한 많은 학자들은 오랜 시간 축적된 지혜와 과학기술을 누리지 못한 우리 선조들이 자연을 잘못 이해하여 쓸데없는 영적 존재들로 세상을 채우고, 잘못된 전제를 근거로 유치한 해석을 했다고 믿는다. 과학적인 사고방식에 젖은 사람들에게는, 만물에 생명력이 깃들어 있고, 만물의 속성이 인간에게 옮겨질 수 있으며, 모든 사물이 자신의 의지에 따라 행동한다는 개념이 별로 와닿지 않을 것이다. 별 이야기가 사람들의 일상생활에 긍정적인 영향을 미칠 수 있다 하더라도 말이다. 나는 내 동료들이 신화에 합리적인 잣대를 대며 허황하거나 잘못된 환상으로 치부해버리는 실수를 저지르고 있다고 생각한다.

분석적이고 과학적인 사고의 의미와 가치를 깎아내리려는 건 아니다. 그보다는 우리 인간이 우주를 이해하기 위해 사용한 다른 효과적인 수단들, 이를테면 연상적 사고를 이 책에서 시도해보고 싶었다. 발견 과정의 결과만 따진다면, 자연을 이해하는 우리 방식만 가치가 있다는 결론에 이를 위험이 있다. 그리고 현대의 과학적인 해석과 개념을 이해하기가 오히려 더 어려워질 것이다. 그런 해석과 개념이 어디에서 비롯되었는지, 저 머나먼 장소와 시대의 상상력 넘치는 이야기들과 얼마나 다를 수 있는지도. 그 까마득한 시대에는 지리와 천문학을 알지 못하면 인간의 삶에 의미를 부여하는 사회적이고 종교적인 가치를 찾을 수 없었다.

　　이 책에 실린 모든 별 이야기는 익숙한 경험과 개념을 통해 불가사의한 자연현상을 설명하고 사람들에게 위안을 주려는 목적을 지니고 있었다. 우주와 관련된 불안감을 달래기 위한 한 방법이었다. 그래서 하늘에 떠 있는 모든 것은 이름과 영혼, 심지어 생물학적 기능까지 가지고 있다. 예를 들어 이누이트는 버섯을 '별의 똥', 이끼를 '태양의 오줌'이라 부른다. 붉은 별들은 간을, 흰 별들은 신장을 먹고 산다. 어떤 문화권의 천문학적 지식을 제대로 이해하려면 그들의 삶을 구성하고 있는 사회적·종교적 가치를 깊숙이 들여다봐야 한다. 별 이야기를 하는 목적은, 오늘날 우리가 하늘을 바라보며 경험하는 것을 다른 세대나 문화권의 경험과 비교해보기 위해서이다. 삶의 시작과 끝, 추격, 구조, 생존 욕구, 계절 변화의 예측, 혹은 좋은 행동에 관한 규범을 공유해야 하는 필요성 등을 말이다. 모든 별 이야기는 바로 우리 자신의 이야기이다.

감사의 말

전문적이고 노련하며 유능한 사람들과 또 한 번 작업할 수 있는 기회를 준 예일대학 출판부에 고마운 마음을 전한다. 특히 편집장 조 칼라미아는 일상적인 대화 도중에 여러 문화권의 별 이야기에 관한 책을 써보면 어떻겠느냐는 제안을 해주었고, 내 말을 훨씬 더 발전시킨 기획서를 작성했다. 보조 편집인 마이클 디닌, 원고 편집장 수전 레이어티, 교열 담당자 줄리 칼슨, 교정자 에리카 핸슨, 색인 작성자 알렉사 셀프의 예리한 눈과 날카로운 통찰력에 감사드린다. 조의 계획에는 각 장의 앞머리에 그림을 그려줄 화가 매슈 그린을 섭외하는 묘안도 포함되어 있었다. 줄리아 마이어슨은 이번에도 예술적 기량을 발휘하여, 다수의 별자리표 삽화를 그려주었다. 내 글과 잘 어울리는 이미지를 골라준 매슈와 줄리에게 감사드린다. 그리고 내 대리인들인 샌퍼드 J. 그린버거 어소시에이츠의 페이스 햄린(정말 32년이나 됐나요?)과 에드 맥스웰에게 다시 한 번 고마움을 전하고 싶다.

여러 학문 분야의 가르침과 저술에 관해 기나긴 토론을 함께 해주고 고전 세계의 신화에 대한 지혜를 나눠준 내 동료이자 고전학자 로버트 갈랜드와, 특히 안데스 산맥과 관련하여 큰 도움을 준 게리 어턴에게 감사드린다. 아메리카 원주민 연구를 함께 하고 있는 동료 크리스 벡세이와 캐럴 앤 로렌츠 그리고 이누이트 문화에 대한 깊은 지식을 나눠준 존 맥도널드, 나처럼 문화천문학에 관심이 많은 천문학자 에드 크럽에게도 감사를 전한다. 인류학자 크리스 캐넌은 고맙게도 그위친족의 별자리와 관련된 정보와 개념을 알려주었다.

내가 몸담고 있는 콜게이트 대학의 호 텅 영상관에서 대형 돔에 별 이야기를 생생하게 되살리고 청중과 소통하는 조 이킨 관장에게 항상 고마운 마음을 가지고 있다.

마지막으로, 이미 열두 권의 원고를 함께 작업한 내 완벽한 조수이자 베테랑 협력자 다이앤 재니와 항상 내 책을 세심하게 읽어주고 열린 마음으로 내 말에 귀 기울여주는 아내 로레인에게 변함없는 감사의 마음을 전한다.

참고문헌

웹사이트는 모두 2019년 2월 15일 주소다.

들어가는 글
밤하늘의 패턴을 읽다

신화의 유형과 그 의미에 관심이 있는 독자에게는 D. Leeming,
 Creation Myths of the World, 2 vols. (New York: ABC-CLIO,
 2009); D. Leeming, *The World of Myth: An Anthology* (Oxford:
 Oxford University Press, 2009)가 도움이 될 것이다.
별자리에 관한 대부분의 책은 별자리가 계절에 따라 나타나는
 순서를 정리하고 관측하는 방법을 알려주는 백과사전식
 접근법을 취하고 있다. 내 추천도서는 다음과 같다.
Bennett, E. *Stars and Constellations*. New York: Scholastic, 2007.
Driscoll, M. *A Child's Introduction to the Night Sky: The Story of the Stars,
 Planets, and Constellations—and How You Can Find Them in the Sky*. New

York: Black Dog and Leventhal, 2004.

Falkner, D. *The Mythology of the Night Sky*. New York: Springer, 2011.
어린이에게는 다음의 책들을 추천한다.

Hislop, S. *Stories in the Stars: An Atlas of Constellations*. New York: Penguin, 2015.

Kerrod, R. *The Book of Constellations*. London: Gary Allen, 2002.

McDonald, M. *Tales of the Constellations: The Myths and Legends of the Night Sky*. New York: Smithmark, 1996.

Mitton, J. *Zoo in the Sky: A Book of Animal Constellations*. Washington, DC: National Geographic Children's Books, 2009.

Oseid, K. *What We See in the Stars: An Illustrated Tour of the Night Sky*. New York: Random House, 2017.

Rey, H. A. *The Stars*. Boston: Houghton Mifflin Harcourt, 2016.

Ridpath, I. *Star Tales*. Revised and expanded edition. Cambridge: Lutterworth, 2018.

Sasaki, C. *The Constellations: Stars & Stories*. New York: Sterling, 2001.

T. Condos, *Star Myths of the Greeks and Romans: A Sourcebook* (Grand Rapids, MI: Thames, 1997)에는 서양의 별자리 신화들이 간략하게 잘 설명되어 있다. E. C. Krupp, "Sky Tales and Why We Tell Them," *Astronomy Across Cultures: The History of Non-Western Astronomy*, ed. H. Selin (Dordrecht: Kluwer, 2000), p.1~30도 읽어보면 좋다. 다른 문화권의 별자리들을 다루는 자료는 거의 없다. 여기서는 J. Staal, *The New Patterns in the Sky: Myths and Legends of the Sun, Moon, Stars, and Planets* (New York: Abrams, 1988)를 추천하고, 다른 저서들은 관련 장들에서 언급하겠다.
고대 사제들이 별자리를 관측한 방식에 관해 알고 싶다면 R. Brown, *Researches into the Origin of the Primitive Constellations of the*

Greeks, Phoenicians, and Babylonians, 2 vols. (London: Williams and Norgate, 1900)를 참고하면 좋다.

1장
다양한 얼굴을 지닌 오리온자리

오리온자리에 관한 유용한 자료는 다음과 같다. R. Norris and D. Hamacher, "Djulpan: The Celestial Canoe," July 12, 2011, Australian Indigenous Astronomy, http://aboriginalastronomy.blogspot.com/2011/07/djulpan-celestial-canoe.html(2019년 3월 8일에 접속함); G. Ammarell and A. Lowenhaupt Tsing, "Cultural Production of Skylore in Indonesia," *Handbook of Archaeoastronomy and Ethnoastronomy*, ed. C. Ruggles (New York: Springer, 2014), 2210; D. Freidel, L. Schele, and J. Parker, *Maya Cosmos: Three Thousand Years on the Shaman's Path* (New York: William Morrow, 1993).

중국 황제의 두 아들에 관한 이야기는 C. Lianshan, *Chinese Myths and Legends* (Cambridge: Cambridge University Press, 2009), 88; A. Birrell, *Chinese Mythology: An Introduction* (Baltimore: Johns Hopkins University Press, 1994)을 참고했다.

외다리 남자에 관한 이야기는 E. Magaña, *Orion y la Mujer Pléyades: Simbolismo Astronómico de los Indios Kaliña de Surinam* (Dordrecht: Foris, 1988)에 가장 완벽하게 설명되어 있다. E. Magaña, "Tropical Tribal Astronomy: Ethnohistorical and Ethnographic Notes," *Songs from the Sky: Indigenous Astronomical and Cosmological Traditions of the World*, ed. V. del Chamberlain, J. Carlson, and M. J. Young (Leicester, UK: Ocarina Books, 1996), p.244~263;

E. Magaña and F. Jara, "The Carib Sky," *Journal de la Société Américanistes* 68 (1982), p.105~132도 읽어보길 바란다.

라코타족의 손 별자리와 그 사회적·종교적 의미에 관해서는 R. Goodman, *Lakota Star Knowledge: Studies in Stellar Theology* (Rosebud, SD: Sinte Gleska University, Rosebud Sioux Reservation, 1992); R. Goodman, "On the Necessity of Sacrifice in Lakota Stellar Theology as Seen in 'The Hand' Constellation and the Story of the Chief Who Lost His Arm," *Earth and Sky: Visions of the Cosmos in Native American Folklore*, ed. R. Williamson and C. Farrer (Albuquerque: University of New Mexico Press, 1992), p.215~220에 설명되어 있다.

마야족의 260일 주기는 인간의 임신 기간과 비슷하다. 또한 인체의 손가락과 발가락 수(20)와 하늘의 층수(13)를 곱한 결과이기도 하다.

마야족의 석비에 새겨진 글은 bookofthrees.com/mayan-culture-the-hearth-stones-of-creation에 실려 있다. 플레이아데스성단과 관련한 인용문은 M. Coe, "Native Astronomy in Mesoamerica," *Archaeoastronomy in Pre-Columbian America*, ed. A. Aveni(Austin: University of Texas Press, 1975), p.22~24에서 발췌했다.

P. G. Alcock, *Venus Rising: South African Beliefs, Customs, and Observations* (Pietermaritzburg, SA: P.G. Alcock, 2014)는 남아프리카공화국의 오리온 신화를 훌륭하게 개관하고 있다. 남아프리카공화국과 관련된 모든 내용은 이 저서를 주된 참고자료로 삼았다.

2장
모두를 위한 플레이아데스성단

엄밀히 말하자면 플레이아데스성단은 별자리라기보다는 작은
　성군이라 할 수 있다.

전 세계에 플레이아데스성단과 관련된 설화가 너무 많아서 단
　하나의 장에 전부 담을 수는 없다. 전반적인 내용을 참조하려면
　Wikipedia.org, "Pleiades in Folklore and Literature"를 읽는
　것으로 시작해도 좋다.

이로쿼이족 아이들의 이야기는 J. Shenandoah and D. George,
　Skywoman: Legends of the Iroquois (Santa Fe, NM: Clear Light,
　1998)에 멋진 삽화와 함께 훌륭하게 소개되어 있다.

본문에 인용된 제시 퓨크스의 말은 J. Fewkes, "The Tusayan Fire
　Ceremony," *Proceedings of the Boston Society of Natural History* 26
　(1895). p.453에서 따온 것이다.

버라드 헤일 신부가 전해주는 검은 신 이야기는 B. Haile, *Star
　Lore Among the Navajo* (Santa Fe, NM: Gannon, 1947), p.2에
　나와 있다. "우주를 아우르는 전체론적이고 질서정연한 삶의
　정수…… 존재와 생성의 이유가 되는 생명력"이라는 나바호족
　노인의 말은 Navajo Community College General Catalog of
　1987에서 발췌했다. T. Griffin-Pierce, "Black God: God of
　Fire, God of Starlight," *Songs from the Sky: Indigenous Astronomical
　and Cosmological Traditions of the World*, ed. V. del Chamberlain,
　J. Carlson, and M. J. Young (Leicester, UK: Ocarina Books,
　1996), p.73~79에도 인용되어 있다.

현대 오스트레일리아 원주민 이야기는 M. Andrews, *The Seven
　Sisters of the Pleiades: Stories from Around the World* (Melbourne:

Spinifex, 2000)의 내레이션에서 따온 것이다.

헤시오도스의 시는 *The Works and Days, in Hesiod, The Works and Days, Theogony, The Shield of Herakles*, trans. R. Lattimore (Ann Arbor: University of Michigan Press, 1991)를 참고했다.

플레이아데스성단의 등장과 엘니뇨 현상의 관계에 대한 과학적 연구를 더 읽어보고 싶다면 Orlove, J. Chiang, and M. Cane, "Ethnoclimatology in the Andes," American Scientist 90 (2002), p.428~435를 추천한다.

스페인의 연대기 작자 베르나르디노 데 사아군이 쓴 플레이아데스성단 이야기는 B. de Sahagún, *Florentine Codex: General History of the Things of New Spain*, Book 5, trans. C. Dibble and A. Anderson, Archaeological Institute of America Monograph 14, pt. 5 (Santa Fe School of American Research, 1957)에 실려 있다.

3장
태양의 길과 세계의 점성술

엄밀히 따지면 서양의 황도대에는 13개의 별자리가 있다고 할 수 있다. 열세 번째 별자리인 뱀주인자리는 두 발이 전갈자리와 궁수자리 사이에 딱 끼어 있다.

황도대와 점성술에 관한 최고의 참고 자료들에는 R. Gleadow, *The Origin of the Zodiac* (New York: Atheneum, 1969); I. Ridpath, *Star Tales* (New York: Dover, 2011), ianridpath.com; S. Tester, *A History of Western Astrology* (Wolfeboro, NH: Boydell, 1987)(133쪽에 체코 다스콜리의 저서에서 인용한 글귀가 실려 있음) 등이 있다.

이집트 점성술사의 조각상에 새겨져 있는 글은 O. Neugebauer and E. Parker, *Egyptian Astronomical Texts*, vol. 3: *Decans, Planets, Constellations, and Zodiacs* (Providence, RI: Brown University Press, 1969), p.214~215에 담겨 있다. 아시리아 점성술사의 일기는 A. Oppenheim, "Divination and Celestial Observation in the Last Assyrian Empire," *Centaurus* 14 (1969), p.115에서 발췌했다. 바빌로니아 사제의 말은 "Prayer for the Gods of the Night," trans. F. T. Stephens, in J. Pritchard, ed., *Ancient Near Eastern Texts Relating to the Old Testament*, with Supplements (Princeton, NJ: Princeton University Press, 1969), p.390~391에 실려 있다.

서양 점성술의 근원에 깔려 있는 그리스의 별점 체계에 관해 상세히 알고 싶다면, A. Aveni, *Conversing with the Planets: How Science and Myth Invented the Cosmos* (New York: Times Books, 1993), ch. 5를 참고하면 된다. 그리스인은 12궁(황도대를 동쪽 지평선이나 춘분점에서부터 30도 간격으로 12등분한 구역들)으로 운세를 점칠 때 해와 달, 행성의 위치와 움직임에서 얻은 정보를 이용했다. 궁 체계의 첫 30도 구역은 가장 중요한 상승궁이었다. 그 외에도 애정궁, 결혼궁, 죽음궁, 명예궁, 교우궁 등이 있었다. 우리가 태어나는 순간 각각의 구역에 어떤 행성들이 있었느냐에 따라 그 구역이 상징하는 문제와 관련된 운이 크게 좌우된다고 여겼다. 이원적 대립과 위계적 통치(황제부터 농민까지)라는 가장 중요한 원칙에 따라, 힘을 가진 행성들은 선과 악을 오갔고, 가장 위에 있는 행성이 가장 큰 힘을 가졌다. 행성들이 12궁의 어느 위치에 있는가 하는 점은 이처럼 중요한 의미를 지녔다. 보석, 금속, 약초, 인체 부위, 각각의 장기들, 체액, 인체의 배출물 같은 자연계의 다른 요소와 측면들 역시 황도 12궁에 연결되어 있어 상황은 더욱 복잡해졌다. 모든 것은 보편적 분류 체계로 구분되어 일종의 점치기 도구 역할을 했다. 전문적으로 훈련받은 점성술사들은 질서정연한 세상을 구성하는 모든 개체를 이용하여 의술과 치료, 전쟁, 실연의 아픔을 감당하는 법 등등 많은 문제와 관련된 미래를 예측했다. 이런 점성술 체계는 '오늘의 별자리 운세'라는 좀 더 순화되고 대중적인 형태로 현대까지 이어져 오고 있다.

영험한 열두 동물로 이루어진 중국의 십이지는 서양의 황도 12궁과 달리 황도가 아니라 천구의 적도를 기준으로 삼고 있다. 하늘의 별자리도 아니었다. 대신 12년을 주기로 공전하는 목성의 위치에 따른 명칭이 붙었고, 이는 60갑자라는 더 큰 주기의 일부를 이루었다. 마찬가지로 사방위도 황도가 아닌 적도를 기준으로 했다. 이십팔수 역시 적도를 기준으로 했지만, 별자리라는 점에서 서양의 황도 12궁과 유사하다.

희씨와 화씨에 관해 자주 인용되는 운문은 S. J. Johnson, *Eclipses, Past and Future; with General Hints for Observing the Heavens*, 2nd ed. (London: Parker, 1889), p.8에 실려 있다. 중국과 관련된 다른 인용문은 A. Pannekoek, *A History of Astronomy* (New York: Dover, 1961), p.88에서 발췌했다. 중국에서 장기적으로 일어난 행성의 합에 관해서는 D. Pankenier, "The Mandate of Heaven," *Archaeology* 51 (1998): p.26~34를 참고하면 된다. 팬키니어의 엄격한 역사적 해석이 비판을 받기는 했지만 말이다. 중국 별자리에 관해서는 S. Xiaochun and J. Kistemaker, *The Chinese Sky During the Han: Constelling Stars and Society* (Leiden: Brill, 1997)를 주로 참고했다.

마야의 황도대에 관해서 더 많이 알고 싶다면, A. Aveni, *Skywatchers*

of Ancient Mexico, rev. ed. (Austin: University of Texas Press, 2001), p.201~203; V. Bricker and H. Bricker, "Zodiacal References in the Maya Codices," *The Sky on Mayan Literature*, ed. A. Aveni (Austin: University of Texas Press, 1997), p.148~183을 읽어보기를 추천한다. 현대 마야의 점술에 관해서는 B. Tedlock, *Time and the Highland Maya* (Austin: University of Texas Press, 1992), ch. 7에 아주 상세히 설명되어 있다.

마지막으로, "위에서 그러하다면 아래에서도 그러하리라"라는 점성술의 유명한 격언은 2,000년 전 알렉산드리아의 그리스 천문학자 프톨레마이오스가 대중화한 말이다.

4장
은하수에 얽힌 수많은 전설

엄밀히 말하면 천문학자들이 대문자 G를 써서 말하는 'Galaxy'는 우주에 있는 수많은 은하들(galaxies) 중 우리가 살고 있는 은하를 의미한다.

이 책에 소개된 마오리족의 은하수 신화는 하리티나 모고사누(Haritina Mogosanu)가 지은 것으로, jodcast.net/nztale.html에서 볼 수 있다.

마야의 『포폴 부흐』는 여러 권 출판되었는데 내가 추천하는 책은 다음과 같다. D. Tedlock, *Popol Vuh: The Mayan Book of the Dawn of Life* (New York: Simon and Schuster, 1996); and A. Christensen, *Popol Vuh: The Sacred Book of the Maya* (Norman: University of Oklahoma Press, 1996). 은하수의 노 젓는 신들에 관한 마야 신화는 D. Freidel, L. Schele, and J. Parker, *Maya Cosmos: Three Thousand Years on the Shaman's Path* (New York:

Morrow, 1993)에 상세히 소개되어 있다.

S. Milbrath, *Star Gods on the Maya* (Austin: University of Texas Press, 1900), esp. 40~41 and 285~287에는 마야의 멋진 은하수 이미지들이 실려 있다.

안데스산맥의 연대기 작가인 베르나베 코보가 은하수에 대해 한 이야기는 G. Urton's "Animals and Astronomy in the Quechua Universe," *Proceedings of the American Philosophical Society* 125 (2) (1981), p.113에 나온다. 잉카족 후예들에 관한 체계적인 연구는 Urton, *At the Crossroads of the Earth and the Sky: An Andean Cosmology* (Austin: University of Texas Press, 1981)를 참고했고, 창조 신화는 어턴의 버전을 개작해서 실었다. 이 책의 202쪽에는 베르나베 코보의 글이 번역되어 있다. 몇 년 동안 안데스산맥에 관해 어턴 교수와 나눈 많은 대화가 큰 도움이 되었다. 현재 아우상가테산은 특정 곡물을 재배·소비하고 방목과 채굴을 제한함으로써 서식 생물들의 다양성을 높이는 '영적 공원'으로 개발하려는 계획이 진행 중이다.

바라사나족의 은하수 별자리들에 관한 풍부한 자료는 S. Hugh-Jones, *The Palm and the Pleiades: Initiation and Cosmology in Northwest Amazonia* (Cambridge: Cambridge University Press, 1979); S. Hugh-Jones, "The Pleiades and Scorpius in Barasana Cosmology," *Archaeoastronomy and Ethnoastronomy in the American Tropics*, ed. A. Aveni and G. Urton (New York: Annals of the New York Academy of Sciences, 1982), p.183~201 등 인류학자 스티븐 휴 존스의 저작들에서 얻었다.

오지브와족과 체로키족의 은하수 신화에 관해서는 주로 G. Lankford's Reachable Stars (Tuscaloosa: University of Alabama Press, 2007), p.201~210을 참고했다.

타브와족의 신화는 A. Roberts, "Perfecting Cosmology: Harmonies of Land, Lake, Body, and Sky," *African Cosmos, Stellar Arts*, ed. C. Mullen Creamer (Washington, DC: National Museum of African Art of the Smithsonian Institution, 2012), p.185에 나온다.

E. Schafer, *Pacing the Void: T'ang Approaches to the Stars* (Berkeley: University of California Press, 1977), esp. 257~259는 고대 중국인의 은하수에 관한 믿음을 훌륭하게 논하고 있다.

5장
암흑 성운이 만든 은하수의 검은 별자리

오스트레일리아 원주민의 에뮤 신화에 관한 참고 자료 가운데 R. Fuller, M. Anderson, R. Norris, and M. Trudgett, "The Emu Sky Knowledge of the Kamilaroi and Euahlayi Peoples," *Journal of Astronomical History and Heritage* 17, no. 2 (2014)를 추천한다. 남반구의 암흑 성운 별자리들이 문헌들에 가볍게 언급되긴 했지만, 20세기 후반에 가서야 페루와 오스트레일리아에서 문화천문학 연구가 본격적으로 이루어졌다. 1970년대와 1980년대에 내 동료인 인류학자 게리 어턴은 잉카제국의 수도인 쿠스코 근처의 작은 마을 미스미나이에서 2년 동안 살았다. 그의 중요한 저작인『땅과 하늘의 교차로에서: 안데스산맥의 우주론 At the Crossroads of the Earth and the Sky: An Andean Cosmology』(1981년)은 수많은 민족 역사학적 전설과 신화를 현재까지 추적함으로써 그 존재를 입증해냈다. 나는 이 책을 정독하고 이 장에 그 내용들을 인용했다. 식민지 시대의 안데스산맥에 관한 내용은 F. Salomon and J. Urioste,

The Huarochirí Manuscript: A Testament of Ancient and Colonial Andean Religion (Austin: University of Texas Press, 1991), p.372에서 인용했다. 새끼에게 젖을 주는 암양에 관한 부분은 H. Livermore, *Garcilaso de la Vega, Royal Commentaries of the Incas* (Austin: University of Texas Press, 1966), p.119에 나온다.

안데스산맥의 별자리 이야기가 아마존으로 넘어가면서 내용이 바뀌는 신화적 대체에 관해서는 P. Roe, "Mythic Substitution and the Stars: Aspects of Shipibo and Quechua Ethnoastronomy Compared," *Songs from the Sky: Indigenous Astronomical and Cosmological Traditions of the World*, ed. V. del Chamberlain, J. Carlson, and M. J. Young (Leicester, UK: Ocarina Books, 1996), p.193~228을 참고했다.

데사나족의 애벌레에 관한 기다란 인용문은 G. Reichel-Dolmatoff, *The Shaman and the Jaguar: A Study of Narcotic Drugs Among the Indians of Colombia* (Philadelphia: Temple University Press, 1975), p.116에서 발췌했다.

6장
곰과 사냥꾼, 북극의 별자리

이 장에 실린 이누이트의 별 이야기들과 그와 관련된 모든 인용문은 J. MacDonald, *The Arctic Sky: Inuit Astronomy, Star Lore, and Legend* (Toronto: Royal Ontario Museum and Nunavut Research Institute, 1998)에서 나왔다. 나는 몇 년 동안이나 존 맥도널드와 유용하고 흥미로운 토론을 지속적으로 나누며 큰 도움을 받았다.

북부의 곰 이야기들은 G. Lankford, *Reachable Stars* (Tuscaloosa:

University of Alabama Press, 2007)에도 기록되고 분석되어
있다. E. C. Krupp, *Beyond the Blue Horizon: Myths of the Sun, Moon,*
Stars, and Planets (Oxford: Oxford University Press, 1992), esp.
ch. 14도 참고하면 좋다. 카이오와족의 곰 이야기는 N. Scott
Momaday, "The Seven Sisters," *Songs from the Sky: Indigenous*
Astronomical and Cosmological Traditions of the World, ed. V. del
Chamberlain, J. Carlson, and M. J. Young (Leicester, UK:
Ocarina Books, 1996)에 실린 내용을 개작한 것이다.

T. Condos, *Star Myths of the Greeks and Romans: A Sourcebook* (Grand
Rapids, MI: Thames, 1997)은 곰으로 변한 칼리스토 이야기를
멋들어지게 들려준다.

대호수에 사는 폭스족의 곰 사냥 이야기는 E. Dempsey,
"Aboriginal Canadian Sky Lore of the Big Dipper," *Journal of*
the Royal Astronomical Society of Canada 102 (2008): p.59~60을
참고했다.

분점(추분점 또는 춘분점)의 이동으로 인한 천구의 극의
움직임에 관해서는 A. Aveni, *Skywatchers of Ancient Mexico*, rev.
ed. (Austin: University of Texas Press, 2001), ch. 3에 상세히
설명되어 있다.

연상적 사고에 관해서는 J. Goody, *Domestication of the Savage Mind*
(Cambridge: Cambridge University Press, 1977), p.40, 68을
읽어보면 좋다. 구디는 연상적 사고를 '원시 사회'(오해의
소지가 있는 명칭이다)와 연결된 사고 형태로 보고 있다.
일상적인 사고와 달리, 연상적 혹은 조정적 사고는 사건과
사물을 구조화된 패턴으로 체계화하여, 그 안의 모든 부분이
서로 주고받는 영향을 설명하려 한다.

7장
열대 지방의 길잡이 별

유쾌한 마우이 신화는 W. Westervelt, *Legends of Maui* (Honolulu: Hawaiian Gazette, 1910)에 나온다. '작은 눈들' 이야기는 R. Craig, *Handbook of Polynesian Mythology* (Santa Barbara, CA: ABC-Clio 2004), p.207~208에 실려 있다. 박으로 별 나침반을 만드는 방법은 *Report of the Minister of Public Instruction to the President of the Republic of Hawaii for the Biennial Period ending December 31st 1899* (Honolulu: Hawaiian Gazette Company Print, 1900), p.34에 설명되어 있다.

열대 지방과 북극 지방의 하늘 방위 체계는 A. Aveni, "Tropical Archaeoastronomy," *Science* 213 (1981), p.161~171에 상세히 비교되어 있으며, 열대 지방의 항해법에 관한 내용은 A. Aveni, *People and the Sky* (London: Thames and Hudson, 2008), ch.3을 조금 수정해서 실었다. 열대 지방의 항해법에 관한 최고의 참고 도서는 D. Lewis, *We the Navigators* (Honolulu: University of Hawaii Press, 1972)인 것 같다. 루이스는 티보라우의 기법을 이용해 장거리 항해를 실험한 항해자들 가운데 단연 최고였다.

타히티의 바다 노래에 관해서는 "The Birth of New Lands, After the Creation of Havai'i (Raiatea)," *Journal of the Polynesian Society* 3 (1894): p.186~189(187쪽에 인용되어 있음)를 참고했다.

C. Kursh and T. Kreps, "Linear Constellations in Tropical Navigation," *Current Anthropology* 15 (1974), p.334~337은 직선형 별자리의 개념을 다루고 있다.

속을 파낸 박을 이용한 하와이의 항해법에 관해서는 *Kamakau: Hawaiian Annual*, 1891에 설명되어 있다. 상세한 내용을 보고 싶다면 B. Penprase, *The Power of Stars* (New York: Springer, 2010), p.61을 추천한다.

타히티의 항해자가 방문자에게 해준 말은 G. Deming, "The Geographical Knowledge of the Polynesians and the Nature of Inter-Island Contact," *Journal of the Polynesian Society* 71 (1962), p.111, 176에 실려 있다.

독일 선장의 일지 내용은 Board of Regents, Smithsonian Institution, *Annual Report of the Smithsonian Institution*, for the Year Ending 1899, p.488에 등장하며, https://books.google.com/books?id=9WiPjla-KEkC&source=gbs_navlinks_s에서 볼 수 있다.

열대 지방의 별자리에 관해 더 알고 싶다면, "The Hawaiian and Polynesian Sky," in B. Penprase, *The Power of Stars: How Celestial Observations Have Shaped Civilization* (New York: Springer, 2011)을 참고하길 바란다.

8장
하늘에 세워진 제국

라코타족의 말은 A. Bird, "Astronomical Star Lore of the Lakota Sioux: Lakota Ethnoastronomy," 2012, sccass-international.com에 인용되어 있다.

나바호족 호간의 건축 양식에 관해 알고 싶다면, T. Griffin-Pierce, "The Hooghan and the Stars," *Earth and Sky: Visions of the Cosmos in Native American Folklore*, ed. R. Williamson and C. Farrer (Albuquerque: University of New Mexico Press, 1992), p.110~130을 추천한다. 포니족의 오두막에 관해서는 V. del

Chamberlain, *When Stars Came Down to Earth: Cosmology of the Skidi Pawnee Indians of North America* (Los Altos, CA: Ballena, 1982)를 참고하면 좋다. 그리고 포니족의 마을에 관해서는 A. Fletcher, "Star Cult Among the Pawnee—A Preliminary Report," *American Anthropologist* 4 (1902), p.730~736을 읽어보면 도움이 될 것이다. 뮤리의 말은 J. Murie, "Ceremonies of the Pawnee, Part 1: The Skiri," ed. D. Parks, *Smithsonian Contributions to Anthropology*, no. 27 (Washington, DC: Smithsonian Institution Press, 1981), p.76에서 인용했다.

키리바시의 가옥에 관한 내용은 M. Makemson, "Hawaiian Astronomical Concepts," *American Anthropologist* 40, no. 3 (1938), p.370~383을 참고했다. 그림블의 일화는 R. Grimble, *Migrations, Myth, and Magic from the Gilbert Islands: Early Writings of Sir Arthur Grimble* (London: Routledge, 1972), p.229에 실려 있다.

남아메리카의 하늘 가옥을 비롯하여, 주택 건축의 우주적 측면에 관해 더 알고 싶다면, J. Wilbert, "Warao Cosmology and Yekuana Roundhouse Symbolism," *Journal of Latin American Lore* 7 (1981), p.37~72을 읽어보길 바란다. 라코타족의 사례는 R. Goodman, *Lakota Star Knowledge: Studies in Lakota Stellar Theology* (Rosebud, SD: Sinte Gleska University, Rosebud Sioux Reservation, 1992)에서 빌려왔다.

죽음의 기원에 대한 포니족 이야기는 F. Boas, "The Origin of Death," *Journal of American Folklore* 30 (1917), p.486~491에 실려 있다.

서양 독자에게는 중국의 별자리와 도시 설계가 어렵게 느껴질 것이다. 여러 역사 시대의 이야기와 이미지들을 혼합해서 설명하는 경우가 많아서인 것 같다. 내가 주로 참고하고 인용한 자료는 Zhiyi Zhou, n.d., "Suzhou in History: City Layout and Urban Culture," https://www.fordham.edu/downloads/file/5697/zhou_-_suzhou_in_history이다. 중국의 별자리표에 관해 알고 싶다면 S. Xiaochun and J. Kistemaker, *The Chinese Sky During the Han: Constellating Stars and Society* (Leiden: Brill, 1997)를 추천한다. 중국의 별 이야기는 "Legends of Chinese Asterisms," Hong Kong Space Museum website, https://www.lcsd.gov.hk/CE/Museum/Space/archive/StarShine/Starlore/e_starshine_starlore14.htm에도 실려 있다. 베이징의 도시 설계에 관한 내용은 P. Wheatley, *The Origins and Character of the Ancient Chinese City*, vol. 2: *The Chinese City in Comparative Perspective* (New Brunswick, NJ: Aldine, 2008), p.461; J. Needham, *Science and Civilization in China*, vol. 3 (Cambridge: Cambridge University Press, 1959), p.82에서 인용했다.

위싱턴의 도시 계획에 관해 더 알고 싶다면 J. Meyer, *Myths in Stone: The Religious Dimensions of Washington, D.C.* (Berkeley: University of California Press, 2001)를 참고하길 바란다. 1792년의 에세이는 M. Baker, "Surveys and Maps, District of Columbia," National Geographic 6 (1895), p.154에 인용되어 있다.

9장
별이 박힌 천장과 거대한 별자리들

포세이돈과 페르세우스, 안드로메다에 얽힌 이야기는 shmoop.com/perseus-andromeda에 잘 설명되어 있다. 별 천장을 만드는 방법을 보고 싶다면 http://calsworld.net/StarCeilings.htm이 도움이 될 것이다.

기원전 18세기의 이집트 왕 세넨무트의 무덤에도 별 천장이 있다. 자세한 내용을 알고 싶다면 M. Clagett, *Ancient Egyptian Science*, vol. 2 (Philadelphia: American Philosophical Society, 1995)를 읽어보면 된다. 별 천장에서 이집트 신 투투가 맡고 있는 보호자 역할에 관해서는 O. E. Kuper, *The Egyptian God Tutu: A Study of the Sphinx God and Master of Demons with a Corpus of Documents* (Leuven: Peeters, 2003), p.67~70에 설명되어 있다. 이집트 신 누트의 형상에 관해서는 R. Gleadow, *The Origin of the Zodiac* (New York: Atheneum, 1969)의 해석을 따랐다.

루넌버그의 별 천장에 관한 이야기는 D. Falk, "'Ancient' Stars Shine On," Astronomy magazine website http://www.astronomy.com/news/2004/10/ancient-stars-shine-on에 실려 있다. 별 천장은 현대의 많은 종교 건물을 장식하고 있으며, 건물이 봉헌된 날의 저녁에 뜬 별자리들을 묘사하는 경우가 많다(스탠퍼드 화이트가 설계한 볼티모어의 러블리 레인 감리교회도 마찬가지다).

뉴욕 그랜드센트럴역의 천장에 별자리가 거꾸로 그려지게 된 재미있는 사연은 Julia Goicochea, "The Story Behind Grand Central Terminal's Beautiful Ceiling," CultureTrip.com, March 28, 2018, https://theculturetrip.com/north-america/usa/new-york/articles/the-story-behind-grand-central-terminals-beautiful-ceiling에 나온다.

아메리카 대륙 원주민과 관련하여 이 장에 실린 내용은 V. del Chamberlin, "Navajo Indian Star Ceilings," *World Archaeoastronomy*, ed. A. Aveni (Cambridge: Cambridge University Press, 1989), p.331!339; M. J. Young and R. Williamson, "Ethnoastronomy: The Zuni Case," *Archaeoastronomy in the Americas*, ed. R. Williamson (Los Altos, CA: Ballena, 1981), p.183~192(해링턴의 인용문은 p.187에 나온다); T. Griffin-Pierce, "The Hooghan and the Stars," *Earth and Sky: Visions of the Cosmos in Native American Folklore*, ed. R. Williamson and C. Farrer (Albuquerque: University of New Mexico Press, 1992), p.110~130을 참고했다. E. C. Krupp, *Beyond the Blue Horizon: Myths of the Sun, Moon, Stars, and Planets* (Oxford: Oxford University Press, 1992), p.269~270에는 루이세뇨족의 성인식이 설명되어 있다.

데사나족의 육각형에 관한 이야기는 G. ReichelDolmatoff, "Astronomical Models of Social Behavior Among Some Indians of Colombia," *Ethnoastronomy and Archaeoastronomy in the American Tropics*, ed. A. Aveni and G. Urton (New York: Annals of the New York Academy of Sciences, 1982), p.165~181에 상세히 분석되어 있다.

그위친족의 온 하늘을 뒤덮고 있는 별자리에 관해서는 C. Cannon and G. Holton, "A Newly Documented Whole-Sky Circumpolar Constellation," *Arctic Anthropology* 51 (2014), p.1~8을 읽어보면 좋다. 크리스 캐넌은 그위친족과 함께 진행 중인 작업에 관하여 편지로 알려주고, 그가 연구해온 별자리를 삽화로 사용할 수 있도록 너그럽게 허락해주었다.

까마귀가 햇빛을 훔친 신화는 D. Vogt, "Raven's Universe," *Songs from the Sky: Indigenous Astronomical and Cosmological Traditions of the World*, ed. V. del Chamberlain, J. Carlson, and M. J. Young (Leicester, UK: Ocarina Books, 1996), p.38~48에 상세히 분석되어 있다.

10장

하늘의 여자와 남자

이로쿼이족의 창조 신화와 성별 관계에 대해서는 B. Mann,
Iroquoian Women: The Gantowisas (New York: Peter Lang,
2000)를 주로 참고했다. 나는 북쪽왕관자리가 여성 별자리인
플레이아데스성단을 보완하는 남성 별자리라는 맨의 의견에
동의한다.

포니족의 성별 개념에 대한 인용문의 출처는 A. Fletcher, "Star
Cult Among the Pawnee—A Preliminary Report," *American
Anthropologist* 4 (1902), p.730~736이다. G. Lankford, *Reachable
Stars* (Tuscaloosa: University of Alabama Press, 2007)는 '별
남편' 이야기의 86가지 버전을 소개한다.

라코타족의 거북이-도롱뇽 별자리에 관한 인용문은 R. Goodman,
Lakota Star Knowledge: Studies in Lakota Stellar Theology (Rosebud,
SD: Sinte Gleska University, Rosebud Sioux Reservation,
1992)에서 발췌했다.

E. Schafer, *Pacing the Void: T'ang Approaches to the Stars* (Berkeley:
University of California Press, 1977)는 견우직녀 설화의 다양한
버전을 가장 완벽하게 설명해준다. 이 장에 인용된 8세기 시는
L. Hearn, *The Romance of the Milky Way and Other Stories and Studies*
(Boston: Houghton and Mifflin, 1907), p.33, 40에서 발췌했다.
'여자들의 저주 신화'와 관련된 인용문은 T. Hahn, *TsuniGoam:
The Supreme Being of the Khoi Khoi* (London: Trubner, 1881)에서
빌려왔다.

성별과 관련된 오스트레일리아의 별자리에 관해서는 J. Morieson,
Stars over Tyrrell: The Night Sky Legacy of the Boorong

(Victoria: Sea Lake Historical Society, 2000)을 참고했다.

에필로그

책 전체를 요약하는 이 장을 쓸 때는 천문학자 에드 크럽과
인류학자 존 맥도널드와의 대화에서 큰 도움을 받았으며,
그들의 저서를 읽고 그 내용을 인용하기도 했다. E. C.
Krupp, *Beyond the Blue Horizon: Myths of the Sun, Moon, Stars, and
Planets* (Oxford: Oxford University Press, 1992), p.16~21; J.
MacDonald, *The Arctic Sky: Inuit Astronomy, Star Lore, and Legend*
(Toronto: Royal Ontario Museum and Nunavut Research
Institute, 1998), p.17~19.

원주민들의 창조 신화에 관한 칼 세이건의 해석은 Cosmos
(New York: Random House, 1980), p.257~260에 실려 있다.
오스트레일리아 원주민에 대한 인용문은 W. Orchiston,
"Australian Aboriginal, Polynesian, and Maori Astronomy,"
Astronomy Before the Telescope, ed. C. Walker (London: British
Museum Press, 1996), p.320에서 발췌했다.

이미지 출처

22쪽 새뮤얼 리, 위키미디어 커먼스

30쪽 1. 라코타족의 손(R. Goodman, "On the Necessity of Sacrifice in Lakota Stellar Theology as Seen in 'The Hand' Constellation and the Story of the Chief Who Lost His Arm" 참고)

2. 오스트레일리아 원주민의 세 어부(R. Norris and D. Hamacher, "Djulpan: The Celestial Canoe" 참고)

31쪽 3. 인도네시아의 쟁기(G. Ammarell and A. Lowenhaupt Tsing, "Cultural Production of Skylore in Indonesia," 2210 참고)

4. 마야 문명의 삼각 화롯돌(오리온성운은 화로의 불, 오리온의 허리띠는 신성한 거북이의 등딱지)(D. Freidel, L. Schele, and J. Parker, Maya Cosmos, fig. 2.14. 참고, 줄리아 마이어슨이 수정함)

35쪽 왕립도서관[마드리드], II/3280, 282r – 282v

42쪽   NASA, ESA, AURA/Caltech

71쪽   Granger, www.granger.com

77쪽   프랑스 국립도서관

87쪽   줄리아 마이어슨의 그림

110쪽   레이 노리스와 버나비 노리스

115쪽   Gary Urton, At the Crossroads of the Earth and the Sky:
        An Andean Cosmology, copyright © 1981. Courtesy of the
        University of Texas Press

131쪽   Royal Ontario Museum ©ROM

139쪽   starnameregistry.com, 줄리아 마이어슨이 수정함

150쪽   피터 S. 더넘

154쪽   줄리아 마이어슨의 그림

171쪽   Werner Forman/Universal Images Group/Getty Images

177쪽   S. Xiaochun and J. Kistemaker, The Chinese Sky During
        the Han [Leiden: Brill, 1997], p.70

191쪽   World History Archive/Alamy Stock Photo

201쪽   크리스 캐넌과 폴 허버트 그리고 익명의 그위친족
        원로들의 자문으로 마레카 구스리가 그림

218쪽   사우스다코타주 미션의 신테 글레스카 대학, 줄리아
        마이어슨이 수정함